KB054386

배움을 즐기고 끊임없이 성장하는
고수의 학습법

배움을 즐기고 끊임없이 성장하는
고수의 학습법

한근태 지음

izi PUBLISHING

배움이 즐거운 어른

두 돌이 지난 손자 주원이를 보면서 참 많은 생각이 든다. 큰
애는 돌이 되기 전 꽤 많은 단어를 알았는데 주원이는 두 돌
이 될 때까지 거의 말을 하지 못했다. 엄마, 아빠 같이 기본
적인 말만 했을 뿐이다. 그런데 늘 뭐라고 계속 중얼거리긴
했다. 딴에는 뭔가 표현하고 싶은데 그게 말로 나오지 않는
것 같았다. 그런데 두어 달 전부터 입이 열리기 시작했다.
무슨 말이든 따라 한다. 어른들끼리 하는 말도 혼자 따라 한
다. 혼자 있을 때도 자기가 배운 말을 복습한다. 자기 전에도
염불 외우듯 뭔가를 계속 웅얼거린다. 그런 걸 보면 인간은

본능적으로 뭔가 새로운 걸 배우는 걸 좋아하고 나름의 효과적인 학습법을 알고 있는 듯하다.

오래전부터 학습법에 관심을 가졌다. 중학교 2학년 때 한 번도 1등을 놓치는 않는 난공불락의 친구가 있었다. 이 친구를 꼭 한번 이기고 싶었던 난 시험 전날 밤을 새워 공부를 했다. 결과는 최악이었다. 띵한 머리 덕분에 요즘 말로 '폭망'했다. 밤을 새우는 것만큼 멍청한 일은 없다는 걸 깨달았다.

고등학교 때는 농구에 빠져 지냈다. 담임선생님이 공부는 안 하고 농구만 하는 우리들 교복을 훔쳐간 일까지 있을 정도였다. 그런데 운동한 후 공부를 하면 그렇게 공부가 잘될 수 없다. 적절한 운동은 공부에 큰 도움이 된다는 사실을 깨달았다. 버스정거장에서 학교까지 거리가 제법 됐다. 거의 20분 이상 걸었던 것 같은데 난 주로 혼자 걸어 다녔다. 그냥 걷는 게 아까워 학교에서 배운 단어 같은 걸 머릿속으로 되새기며 걷곤 했는데 그게 시험에 큰 도움이 됐다. 영어나 한자 같은 건 특히 그러했다. 입력된 정보를 머릿속으로 떠올리는 게 학습에 도움이 된다는 사실을 알았다.

군대를 다녀오니 유학바람이 불었고 친구들과 잔디밭에 앉아 토플이나 GRE단어를 알아맞히며 놀았다. 난 유학 갈 처지가 되지 않았기 때문에 몇 달 그렇게 하고 더 이상 공부하지 않았다. 그런데 3년 후 국비유학 시험 때 그때 공부한 영어 덕을 톡톡히 봤다. 한번 배운 건 언젠가 쓸 때가 있다는 것과 기억이란 게 쉽게 사라지지 않는다는 것을 알게 되었다. 이러저러한 사건으로 효과적인 공부가 어떤 것일까 늘 호기심을 갖게 되었다.

직업이 바뀌면서 학습법에 다시 관심을 갖게 되었다. 책을 읽고 책을 요약하고 책을 갖고 강연하고, 자문을 하면서 늘 어떻게 하면 효과적으로 지식을 흡수하고 소화하고 배설할 것인지를 고민했다. 책을 효과적으로 보는 법, 메모하는 법, 메모를 저장하는 법, 저장한 정보를 꺼내는 법, 요약하는 법, 정보와 정보를 연결하는 법, 아는 걸 효과적으로 전달하는 법, 배운 걸 오래 기억하는 법 등등…, 그러면서 서서히 나만의 학습방법을 만들어왔다.

이 책은 학습방법에 관한 책이다. 난 무엇을 공부할 것인가 못지않게 어떻게 공부할 것인지가 중요하다고 생각한다. 학습목표가 분명해도 학습방법이 잘못되면 애만 쓰고 결과물이 나오지 않기 때문이다.

난 2001년도 첫 책을 낸 이후 35권쯤의 책을 냈고 2019년 한 해만 6권의 책을 냈다. 현재 출판사에 넘어간 책도 몇 권 되고 집필 중인 책도 10권쯤 된다. 나름 효과적인 학습법 덕분이라고 생각한다. 괜찮은 생산성이다. 내가 생각하는 효과적인 학습법은 대충 이러하다.

첫째, 관심분야가 있고 공부하는 즐거움을 알아야 한다. 난 태생적으로 호기심천국이다. 먹고 사는 문제로 중간에 끊기긴 했지만 직업을 바꾸면서 그 호기심에 다시 불이 붙었다. 커뮤니케이션, 리더십, 인사와 채용, 디테일, 효과적으로 일하는 방법, 어원, 비유, 생산성, 질문, 재정의, 운동 등등 그동안 관심 있던 분야이고 결과물을 책으로 냈던 주제다. 내가 생각하는 학습의 출발점은 관심분야의 발견 혹은 탄생이다. 스스로 찾은 경우도 있고 무언가에 자극을 받은 경우도 있고 누군가 내게 불을 붙여준 경우도 있다. 관심분야가 생기면 공부하기 시작하고 종착역은 이를 공부해 책으로 엮어내는 것이다. 별거 아닌 것 같지만 의외로 관심분야가 없는 사람이 많다. 관심분야가 있어도 이를 공부와 연결시키는 일은 만만한 일이 아니다. 하지만 관심분야를 발견하고 관련한 공부를 할 수 있다면 세상에 이보다 신나는 일은 없다. 일단 해보라. 그리고 내 말이 거짓이면 그때 나를 찾아오라. 거하게 밥을 대접하겠다.

둘째, 밑천이다. 모든 일에는 밑천이 필요하다. 장사도 그렇고 연애도 그렇고 공부도 그렇다. 가만히 있는데 관심이 생길 리 없다. 관심이란 투자를 해야 생긴다. 알고 있는 게 있어야 알고 싶은 게 생기는 법이다. 매사에 관심이 없다는 건 그동안 공부에 아무런 투자를 하지 않았다는 것이다. 대부분의 사람들은 학교 졸업 후 분서갱유의 삶을 살았고 그 결과 관심의 샘이 말랐다. 공부를 하려면 밑천을 장만해야 한다. 가진 밑천을 현재진행형으로 계속해 진화 발전시킬 수 있어야 한다. 핵심은 자발성이다. 학생 때의 공부는 억지로 하는 공부다. 하지 않으면 제재를 받는다. 자발성이 있을 리 없다. 하지만 나이 들어 하는 공부는 완전 반대다. 하지 않아도 아무 문제가 없다. 뭐라고 잔소리하는 사람도 없다. 그래서 어렵다. 내 경우는 책 소개하는 직업을 가진 게 큰 도움이 됐다. 처음에는 책을 읽고 요약하는 일에 회의를 가진 적도 있었지만 시간이 흐른 후 이게 큰 자산임을 알게 되었다. 그게 튼튼한 밑천이 되었고 그게 습관이 되었다.

셋째, 생산적으로 지식을 나누고 배출할 수 있는 채널이 있어야 한다. 주변에 공부를 열심히 하는 사람은 많다. 온갖 좋은 강연을 쫓아다니는 사람, 책을 수십 권씩 사서 읽는 사람, 일주일에 세 번씩 조찬모임을 참가하는 사람 등등… 그런데 학습은 인풋 못지않게 아웃풋이 중요하다. 내가 생각하는 최고의 학습방법은 아웃풋을 전제로 공부하는 것이다. 내

고수의 학습법

경우 배운 걸 강연으로 푼다. 강연을 하면서 내공이 쌓이면 이를 책으로 쓴다. 쓴 책으로 독서토론회 같은 걸 하면서 추가로 내용을 보강한다.

난 공부하는 게 제일 즐겁다. 공부한 걸 책으로 엮고 이를 독자들과 공유하는 것도 기쁜 일이다. 이 책을 통해 여러분도 그런 즐거움을 느껴보길 바란다.

차 례

프롤로그 – 배움이 즐거운 어른 • 4

1장 지식은 어떻게 무기가 되는가

지식의 흡수보다 중요한 것 • **15** | 지식이라는 무기 • **19** | 창출로 이어지는 지식이 진짜 지식 • **25** | 최고의 지식노동자 세종 • **32** | 지식 공유는 왜 필요한가 • **37** | 숲을 보는 인간 • **41** | 그는 무엇이 다른가 • **45**

어른 공부 실전 – 창조가 이루어지는 교차점 • **50**

2장 통찰력을 키우는 어른 공부

최고가 되기 위한 습관 • **57** | 재미있는 공부를 찾았을 때 • **61** | 어른 공부는 왜 필요한가 • **66** | 나이 들수록 웃음에 인색해진다? • **71** | 호기심은 지식의 원천이다 • **75** | 정보를 얻고 그 다음 단계 • **78** | 지식관리를 위한 마음가짐 • **84** | 지식 생산의 기술이 있다? • **88**

어른 공부 실전 – 경쟁력은 어디에서 오는가 • **93**
어른 공부 실전 – 고수를 만나 배움을 얻다 • **98**

3장 호기심은 폭넓게, 어른 공부는 깊게

직(職)에서 업(業)으로 • 105 | 현장에서만 배울 수 있는 것 • 109 | 당면한 문제에 집중하면 보이는 것 • 113 | 문제를 직접 해결했을 때의 성취감 • 118 | 실패에서 얻는 배움 • 122 | 지식의 공유와 전달이 이루어지는 곳 • 126 | 어른 공부의 끝은 어디인가 • 130 | 나는 글 쓰는 지식주의자 • 136

어른 공부 실전 – 어른은 왜 오늘도 공부를 하는가 • 143
어른 공부 실전 – 벼락치기한 지식은 눈 깜짝할 새 잊힌다 • 154

4장 배움의 즐거움에 빠지다

배움의 장에서 필요한 것 • 169 | 지식에 대한 고픔이 먼저다 • 174 | 나만의 지식 냉장고 • 178 | 혼자 있는 시간을 일부러 만든다 • 182 | 성장으로 이어지는 집중력의 힘 • 187 | 빠르게 지식을 축적하는 법 • 192 | 책에서 빛을 찾다 • 195 | 어휘력은 삶을 더 풍요롭게 한다 • 200 | 일상 속 명상으로 마음을 다스린다 • 204 | 최고의 어른 공부는 요약이다 • 208

어른 공부 실전 – 독해력과 요약력이 공부의 핵심이다 • 213

5장 배움을 탐닉하는 지식주의자

가르칠 수는 없어도 배울 수는 있다 • 229 | 어른 공부의 프로세스 • 232 | 정보의 정리정돈에 필요한 필터 • 240 | 고수들의 어른 공부법 • 246 | 피터 드러커의 어른 공부법 • 252 | 지식에는 숙성 시간이 필요하다 • 257 | 준비가 덜 되어도 앞으로 나아가라 • 261

어른 공부 실전 – 지식주의자의 토론은 다르다 • 264
어른 공부 실전 – 고수의 공부 예찬 • 269

1장

지식은 어떻게
무기가 되는가

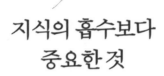

지식의 흡수보다
중요한 것

주변에 일류대를 나와 시들어가는 친구가 많다. 이미 구조조정을 당한 친구도 있고, 아직 회사는 다니지만 몇 년 후면 회사를 나와야 하고 그 후에는 별 대책 없는 잠재적 실업자도 있다. 반면에 경력 관리를 잘하여 맡은 분야에서 최고경영자로 이름을 날리는 친구들도 있다.

오랜만에 동창들을 만나면 여러 생각을 하게 된다. 별 볼일 없는 대학에 들어가 존재가 희미했던 친구가 그 분야의 전문가가 되기도 하고, 전교 1, 2 등을 놓치지 않았던 친구가 그저 그런 자리에서 별다른 빛을 발휘하지 못하기도 한다.

지식이 자산이 되는 시대

후반에 빛을 발하는 친구들의 공통점은 자기 분야에서 대가가 되기 위해 목표를 세우고 평생 노력했다는 것이다. 물론 일류대학을 나왔다는 것, 학점이 좋다는 것은 성실하게 학과 공부를 했다는 증명이다. 하지만 학생시절 성실했다는 점만을 증명한다. 일류 대학을 나온 후 그 자리에 안주한 사람은 그저 그런 학교를 나왔지만 졸업 후 끊임없이 자기 분야에서 최선을 다한 사람과 차이가 나게 된다. 지식사회에서 전문성이란 최소한의 자기 보호 방편이다. 최근 일 년 동안 헤드헌터로부터 아무런 연락을 받은 적이 없다면 경력 관리에 문제가 있는 것이다.

빈부 격차가 커지고 있다. 누구도 부인할 수 없는 현실이다. 부자들은 평생 먹고살 만큼 부를 축적했어도 자식들 교육에 목숨을 건다. 부는 물려줄 수 있지만 지식은 물려줄 수 없고, 지식이 없으면 물려준 부도 지킬 수 없다는 사실을 알기 때문이다. 가난한 사람이 가난의 굴레를 벗어나기 힘든 것도 가난한 사람이 부자에 비해 지식을 얻는 것이 어려워졌기 때문이다.

예전에는 지식인이라고 하면 '가난한 남산골 샌님'을 연상했다. 교수라는 직업은 '배움은 많지만 경제적으로는 풍족하

지 않은 직업'이라고 여겼다. 하지만 오늘날 지식의 시대에
는 다르다. 지식을 가진 자가 모든 것을 독점한다.

지식 관리에 필요한 능력

톰 피터스(Tom Peters)는 지식의 중요성을 강조하는 사람으로 유
명하다. 그는 "미래에 가장 힘 있는 사람은 지식을 다른 사람
에게 가장 잘 이전하는 사람이 될 것이다."라고 했다.

너무 안일하게 좋은 결과를 바라고 있지는 않은가. 이는
일을 잘하기 위해 준비하는 시간과 비용을 보면 알 수 있다.
운동선수들은 한 경기를 위해 수십 시간, 수백 시간을 준비
하지만 직장인들은 자기계발에 하루 10분도 쓰지 않는다. 이
는 연구개발에 비용을 거의 들이지 않고 별다른 노력을 하지
않으면서 빼어난 성과를 기대하는 것과 같다. 지식의 중요성
을 알고 배움을 강조한 사람은 톰 피터스뿐이 아니다.

"예전에는 재화의 획득과 분배가 가장 큰 문제였지만 미래의
지식 사회에서는 지식의 획득과 분배에 관한 문제가 가장 핵
심적 문제가 될 것이다. 지식 사회는 어떤 사회보다 경쟁이
치열하다. 지식 사회에서는 누구나 지식에 접근이 가능하기
때문이다. 따라서 성과를 올리지 못하는 데 대한 어떤 변명

도 통하지 않는다.

앞으로 가난한 국가는 사라진다. 오로지 무지한 국가만이 남는다. 지식 사회에서는 모든 사람이 자신의 지위를 획득할 수 있고, 모든 사람이 자신을 스스로 향상시킬 수 있다. 이전의 사회보다 훨씬 더 많은 사람이 성공할 수 있는 사회다. 그러나 한편으로는 이전의 어떤 사회보다 훨씬 더 많은 사람이 실패하거나 이류로 전락할 수 있는 사회다."

– 피터 드러커

엘빈 토플러도 "21세기의 문맹자는 글을 읽고 쓸 줄 모르는 사람이 아니라, 학습하고, 교정하고, 재학습하는 능력이 없는 사람을 의미한다."라고 했다. 훈련하고, 배우고, 깨닫고, 잊어버리고 또 다른 것을 학습하고, 정리정돈하는 선순환이 이루어지는 사람은 부를 창출하는 제1의 자원이다.

생존을 위한 최소한의 기술 목록을 생각해야 한다. 키워드는 전문성이다. 지식을 관리하여 전문성을 키워야 한다. 이때 필요한 능력이 자신에게 필요한 정보를 선별해 정리하는 능력이다.

지식이라는 무기

지식의 중요성은 아무리 강조해도 지나치지 않다. 예전에는 돈을 가진 자가 세상을 지배했지만 앞으로의 시대에는 지식을 가진 자가 모든 것을 지배하게 될 것이다.

돈과 달리 지식은 세습이 불가능하다. 지식은 철저히 개인이 노력하여 얻어야 한다. 지식인으로 거듭나기 위해서는 무엇을 어떻게 해야 하는지를 생각해보자.

배움에 대한 갈망과 선순환

지식의 중요성이 높아지는 시기에 배움을 중단한다는 것은 삶을 포기하는 것만큼이나 위험한 일이다. 배움에 대해 갈증이 있는 사람만이 배울 수 있다. 필요성을 느끼지 못하는 사람이 새로운 뭔가를 배우는 것은 불가능하다.

배움의 시작은 자신의 부족함을 깨닫고 무언가를 배우려는 겸손한 자세에서 출발한다. 배움의 필요성을 절감할 때 스승은 나타나고, 스승이란 결코 찾아가서 가르치는 법이 없다(師無往敎之義). 나는 과연 배움에 대해 갈증을 갖고 있는지, 어떤 것을 배우고 싶은지를 생각해보자.

오늘날은 인터넷의 발달로 모든 사람이 엄청난 정보에 노출되어 있다. 정보가 없어 무엇을 못하는 시대는 아니다. 배우려고 하면 누구나 쉽게 배울 수 있다. 중요한 것은 정보를 어떻게 흡수하고, 그것을 소화, 배설하여 선순환이 이루어지게 할 것이냐다.

늘 호기심을 가지고 세상을 보는 것, 모든 것에서 배우는 것, 배운 지식과 경험을 주기적으로 정리하고 주변과 나누고 피드백을 받는 것, 이것이 지식의 신진대사다. 지식의 선순환 고리를 만드는 것은 각자의 책임이다. 어디서 정보를 수집하고, 어떻게 소화하고 배설할 것인지는 각자의 위치와 상황에 따라 달라지기 때문이다.

유연한 사고와 호기심

배움은 책과 강의와 세미나를 통해서만 얻는 것이 아니다. 가장 좋은 배움의 장소는 현장이다. 노사 관계를 가장 잘 배울 수 있는 장소는 노사가 협상을 벌이고 대립하는 바로 그 장소다. 고객 만족을 배우는 장소는 많은 고객이 왔다 갔다 하는 백화점이나 시장이다.

현장에서 배우기 위해서는 현장이야말로 중요한 학습 장소라는 것, 현장 경험을 바탕으로 자신이 성장할 수 있다는 것을 알아야 한다. 가령 '대학원까지 나온 내가 이런 누추한 곳에서 근무를 한다는 것이 말이 안 돼.'라는 생각으로는 더 이상 새로운 지식을 얻을 수 없다.

처음에 일을 하게 되면 대부분의 사람들은 호기심에서 여러 일을 한다. 문제점을 찾고 그것을 해결하기 위한 궁리도 한다. '왜 저런 방법으로 할까?', '좀더 좋은 방법은 없을까?', '비용을 줄이기 위해 할 일은 무엇일까?' 하고 개선 아이디어를 떠올리고 실행하면서 발전한다.

경험만 하고 별다른 노력을 하지 않으면 원주민으로 머물 가능성이 높다. 여기서 원주민이란 그곳의 지리에는 빠삭하지만 타지인이 가질 수 있는 새로운 시각은 갖지 못한 사람을 일컫는다. 지식인으로 거듭나기 위해서는 현장에서의 경험과 이론적인 것을 결합시켜 자신을 업그레이드해야 한다. 성공했다면 왜 성공했는지, 이론적 바탕이 무엇인지를 알아야 한다. 그래야 새로운 문제가 닥쳤을 때 대응이 가능하다. 경험을 이론적으로 정리하고, 거기에 새로운 경험을 통해 그 이론을 확인하는 과정이 필요하다.

한 단계 성장하기 위해서는 숲에서 나와 숲을 보는 시각이 필요하다. 숲 안에서는 숲이 보이지 않는다. 운동장 안에서 경기를 하는 선수는 경기의 전체 흐름을 읽을 수 없다. 한 분야의 대가가 된다는 것은 한 분야만을 공부한 사람을 뜻하지는 않는다. 땅을 깊게 파려면 넓게 파야 하듯이 깊게 파기 위해서는 내 분야만이 아닌 다른 분야에 대한 관심을 갖고 배우려고 노력해야 한다.

다른 분야에 관심을 갖게 되면 의외로 하는 일에 도움이 되는 새로운 아이디어나 시상이 떠오르는 경우가 많다. 비슷한 사람들끼리의 교류 못지않게 다른 분야 사람들과의 폭넓은 교류는 지식인의 자기 발전을 위해 중요한 요소다. "지식 혁명은 다른 지식과의 만남을 통해 이루어진다."라는 피터 드러커의 말은 시사하는 바가 크다. 늘 호기심을 가지고 타

분야를 점검하고 그 과정을 통해 자신이 하는 일을 업그레이드해야 할 필요가 있다.

흔히 사람들은 자신의 약점은 잘 알지만 장점은 잘 모른다. 성과를 내기 위해서는 장점에 집중해야 한다. 장점을 찾아 발전시키기 위한 노력을 해야 한다. 하지만 장점을 찾는 것은 쉽지 않다.

뜻하지 않게 이루었던 성공, 자기도 모르게 몰입했던 사건, 늘 동경하던 일, 하면서 즐거움을 느꼈던 일을 되돌아보는 것이 장점을 찾는 요령이다. 또 다른 방법으로는 다른 사람으로부터의 피드백이 있다. 의외로 주변 사람들이 당신보다 당신에 대해 잘 아는 경우가 많다.

지식의 유무, 그 지식의 효용성에 따라 삶의 질은 크게 달라진다. 지식인이란 자신이 하고 있는 활동과 제품에 부가가치를 올릴 수 있는 사람이다. 부가가치의 결과는 성과로 나타난다. 피터 드러커는 "우리는 자신을 스스로 경영하는 법을 배워야 하는 최초의 세대다"라고 했다. 지식의 시대에 어떤 방법을 사용해서 지식을 습득해야 효과적인지는 모두의 관심사이지만 확정된 방법은 없다. 개인에 따라, 조직에 따라 달라져야 한다.

지식인은 늘 자신에 대해 다음과 같은 질문을 해야 한다. 나의 과업은 무엇인가? 앞으로 내 일은 어떤 것이 되어야 하는가? 그런 것을 위해 무엇을 해야 하는가? 어떤 방법으로 해야 하는가? 내게 맞는 방법은 무엇인가? 5년 후, 10년 후 내 모습은 어떠해야 하는가? 매년 내 이력서는 달라지고 있는가? 나는 내 분야에서 충분한 경쟁력을 갖추고 있는가?

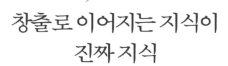

창출로 이어지는 지식이
진짜 지식

공자는 아는 것을 안다고 하고, 모르는 것을 모른다고 하는 것이 참 지식이라고 했다. 최고의 지는 자신이 모른다는 사실을 아는 것이라는 의미다.

지식, 지혜, 정보

나는 정보를 활용해 무언가를 창출해내는 능력이 지식이라고 생각한다. 나아가 지식의 축적을 통해 사물의 이치를 꿰뚫어볼 수 있는 능력이 지혜라고 생각한다. 지식만으로는 단순히 사물의 진위를 식별할 수 있을 뿐이다. 지혜는 이를 넘어 사물의 미추와 가치까지 판별한다. 지식에 경험이 축적되어 통찰력이 생긴 단계를 지향해야 한다.

모니터 컴퍼니 최고지식관리자 앨런 캔트로는 지식피라미드의 개념을 다음과 같이 설명한다.

"지식의 출발점은 데이터다. 데이터를 특정 상황과 연계시켜 의미를 부여할 때 정보가 된다. 이 정보를 테스트하고 그 결과가 축적돼 타당성이 입증되면 지식이 된다. 마지막으로 지식이 시의적절한 행동으로 옮겨질 때 지성(Intelligence) 또는 행동을 위한 지식이 된다. 지식이 이 단계에 이를 때 비로소 경쟁우위를 창출하는 요소가 된다."

수집한 정보는 고객을 감동시킬 수 있는 지식을 생산하는 데 중요한 원료로 사용될 뿐 곧바로 부를 창출해내는 것은 아니다. 어떤 분야에서 일하든 고객이 필요로 하고 그들을 감동시킬 수 있는 독특한 지식을 지속적으로 생산해낼 수 있다면 높은 소득을 올릴 수 있다. 과거처럼 어떤 자격증을 갖고 시장에 진출한다고 해서 그 이후 삶이 보장되는 것은 아니다. 꾸준히 학습하면서 차별화된 지식을 만들어낼 수 있을 때 조직 구성원으로서든 외주 인력으로서든 대우받을 수 있을 것이다.

지식과 정보는 어떻게 다를까? 가령 오선지 위에 있는 음표는 지식이 아니라 정보다. 악보만으로 절대 아름다운 음악이 생산되지 않는다. 악보를 읽고 연주하는 능력이 필요하다. 이것이 지식이다.

정보는 문서화된 객관적 자료다. 그러나 정보를 갖고 있다고 모든 사람이 그것을 이용할 수 있는 것은 아니다. 지식은 정보를 이용해 무언가를 창출해낼 수 있는 능력이다. 정보 자체로는 아무것도 생산해내지 못한다. 정보는 그것을 활용할 능력이 있는 사람의 손에 쥐여질 때에만 지식이 된다.

사색으로 끝나는 지식은 무용지물이다. 지식 그 자체로는 별 가치가 없다. 공론이 행동으로 바뀌고, 이론이 일상생활에 적용되고, 지식이 생활을 보다 편안하게 만들고 인류의 행복에 기여할 때 지식은 빛을 발한다.

지식의 재정의

난 국비로 유학을 다녀왔다. 국비는 나라에서 돈을 대주는 만큼 조건이 까다롭다. 일정 이상의 학점이 되어야 하고, 기간 안에 학위를 받아야 한다. 그 기간을 넘기면 돈이 나오지 않는다. 그런 만큼 늘 학위를 따지 못하는 것에 대한 강박관념이 있었다. 꿈을 꿔도 꼭 학위취득에 실패해 서울 가는 꿈을 꾸곤 했다.

처음에는 수업과 시험에 대한 걱정이 가장 컸다. 영어학원 한 번 안 다니고, 미국 사람들과 이야기 한 번 안 해본 내가 과연 영어로 하는 수업을 알아들을 수 있을지 걱정했다. 그런데 공학이고 수식이 많아 참을 만했다. 가끔 시험범위와 수업 변경에 대한 내용을 못 알아들었지만 수업 후 확인하는 방식으로 해결했다. 오히려 시험에서는 미국 학생들과 비교해 압도적 우위를 자랑했다. 워낙 수업을 듣고 외우고 정리해 시험보는 것에 훈련이 되어 있기 때문이다. 처음 본 큐(cumulative exam의 약자. 8번을 붙어야 박사자격이 있는데 그 시험을 통과 못해 박사학위를 못 끝내고 있는 사람이 제법 있었다)에 붙어 내심 '나는 천재인가?'라는 의심까지 했다. 물론 그 의심은 다음부터 연속으로 떨어지는 바람에 그렇지 않다는 것이 증명됐다.

박사학위를 위한 2년간의 코스워크에는 아무 문제가 없었다. 이제 실험만 하고 논문만 쓰면 되었다. 사실 연구소 경험도 있고 해서 별 걱정은 하지 않았다. 그런데 여기서 문제가 생기기 시작했다. 내가 다닌 학교는 박사논문을 쓰기 전 포멀프리젠테이션(Formal Presentation)이란 과정이 있었다. 어떤 논문을 쓸 것인지를 미리 고민해 전 대학원생과 교수 앞에서 발표하는 시간이다. 제목, 개요, 가설, 실험의 목적과 과정 등을 설명해야 한다. 여기서 사람들의 의견과 피드백을 받은

고수의 학습법

후 본격적인 실험에 들어가면 된다.

한국말도 아닌 영어로 많은 학생과 교수들 앞에서 발표를 해야 하니 몇 달간 잠도 설쳐가며 준비를 했다. 미리 질문할 사람까지 선정하고 리허설도 했다. 그런데 이상했다. 발표를 시작했는데 지도 교수 표정이 좋지 않은 것이다. 뭔가 맘에 들지 않는 것 같았다. 발표 중간에 지도 교수가 그만하라고 했다.

그러면서 "미스터 한, 당신 대학 나온 사람 맞아요?"라고 물었다. 모욕적인 질문이었다. 당연히 "네, 한국에서 가장 좋은 서울대학교를 나왔습니다."라고 답했다. 그러자 "그런데 발표가 그게 뭡니까? 대학에서 발표 해본 경험 있습니까?"라고 묻는 게 아닌가. 생각해보니 발표한 기억이 거의 없다. 늘 받아 적고, 시험본 게 대부분이다. 머뭇거리자 "미스터 한은 전혀 훈련이 되지 않았어요."라며 피드백하기 시작했다.

내용은 심플했다. "왜 서론이 이리 기냐? 본론 기다리다 숨 넘어 가겠다? 그래서 하겠다는 말의 요점이 뭐냐?" 이어 태도에 대한 피드백이 시작되었다. "왜 청중을 보지 않고 칠판 쪽을 보는가?", "당신이 설득할 대상이 칠판인가? 아니면 청중인가?", "왜 눈을 맞추지 못하고 땅을 보는가?", "왜 자료에 글씨가 그렇게 작은가? 뒤에 앉은 사람이 볼 수 있다고 생각하는가?", "왜 장표 하나에 여러 메시지를 넣는가?" 등등 발표 내용에 대한 피드백보다 발표 순서, 스킬, 장표에 대한 이야기만 잔뜩 했다. 얼마 뒤 다시 발표를 했다. 지난번에 비해서는 좋아졌지만 지도 교수가 만족해할 때까지 여러 번 발표를 해야 했고 통과하는 데 꽤 오랜 시간이 걸렸다.

처음에는 지도 교수를 원망했다. 내용이 중요하지 형식이 뭐 그리 중요하느냐 생각했다. 발표 내용을 봐야지 사소한 자세와 스킬을 갖고 '쪼잔하게' 이야기하는 지도 교수가 미웠다. 그게 아니었다. 그건 내 착각이었다.

발표하는 걸 보면 그 사람을 알 수 있다. 내가 지도 교수 앞에서 헤맨 것은 사실 내가 내용을 잘 이해하지 못했기 때문이다. 내용을 잘 모르니 중언부언 이야기했고 거기다 스킬까지 떨어지니 문제가 된 것이다.

지식을 무엇이라고 생각하는가? 혼자만 알고 있는 것이 지식일까? 남에게 전달할 수 없는 것을 지식이라고 할 수 있을까? 아는 것은 많은데 전달력이 떨어진다는 말에 대해 어떻게 생각하는가? 그래서 자신이 저평가되고 있다는 변명에 대해 어떻게 생각해야 할까? 난 동의하지 않는다.

지식의 한자는 '知識'이다. 知를 파자(破字)하면 矢(화살 시)에

口(입 구)다. 지란 아는 것을 화살처럼 입으로 쏟아내는 것이다. 입으로 유창하게 뱉을 수 없는 것은 지가 아닌 것이다. 識을 파자하면 言(말씀 언)에 戠(찰흙 시)다. 말씀을 진흙에 새긴다는 것이다.

내가 생각하는 지식은 말하기와 글쓰기다. 지식은 정보를 흡수해 나름 소화를 하고 이후 말을 하면서 다듬고 글로 쓰면서 점점 정교하게 만드는 것이다. 말로는 하는데 글로 전달할 수 없다면 그건 반쪽짜리 지식이다.

머리로만 아는 건 제대로 된 지식이 아니다. 그건 관념이다. 알고 있다고 생각하지만 제대로 아는 것이 아니다. 이를 끄집어 다른 사람 앞에서 설득력 있게 설명할 수 있고 글로 옮길 수 있어야 참 지식이다. 이를 실천해 자꾸 사용하면서 몸에 배게 할 때 그걸 비로소 안다고 할 수 있다. 대부분 우리가 안다고 생각하는 건 아는 게 아니라 안다고 착각하는 것이다. 이것이 내가 생각하는 지식의 재정의다.

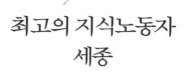

최고의 지식노동자
세종

세종대왕이라고 하면 보통 한글 창제를 연상한다. 한글 창제가 세종의 가장 위대한 업적이긴 하지만 오히려 그 일 때문에 위대한 CEO로서의 다른 업적이 희석되고 있다. 세종은 한글창제 외에도 경제, 문화, 사회, 의료, 과학 분야에서 혁혁한 성과를 이루어냈다. 전경일이 쓴 《세종의 코드를 읽어라》를 보면 세종이야말로 제대로 된 지식노동자란 생각이 든다. 몇 가지를 살펴보자.

첫째, 그는 경제 살리기를 제1의 국정과제로 선정했다. 창고에서 인심이 나는 법이고, 윤리와 도덕도 일단 배고픔을

고수의 학습법

면한 후에 가능하다고 생각했다. 이를 위해 농사법 혁신에 많은 관심을 가졌고 결과물 중 하나가 농사직설이란 농작물 재배지침서다. 대강 "씨를 뿌리고 곡식을 거두는 때를 정확하게 알아라, 거름을 줌으로써 지력을 높여라, 하늘만 바라보지 말고 적극적으로 물을 끌어들여라, 밭이랑 사이에 다른 작물을 심어라." 같은 내용이다.

지금 생각하면 아무것도 아니지만 당시로는 획기적인 생각이다. 이 책의 영향력은 대단했다. 농업생산성이 300% 이상 올라갔다. 이게 지식의 힘이다. 그가 한글을 만든 것도 사실은 지식을 잘 전달하기 위한 것이다.

둘째, 그는 R&D(Research and Development, 연구개발)에 엄청난 노력을 기울였다. 세종은 기술개발 없이는 경제성장이 없다는 사실을 인식했다. 농업혁명도 그렇고 지식혁명도 기술개발이 뒷받침되어야 가능하다는 판단으로 모든 역량을 이곳에 집중했다. 측우기, 해시계, 물시계 등의 개발은 심심해서 한 게 아니다. 모두 농업혁명을 위해 만든 것이다.

또 지식 보급을 위해 고려의 금속활자를 개량해 경자자와 갑인자를 개발했는데 이로 인해 인쇄의 생산성이 20배 증가했고 선명도도 크게 높아졌다. 정말 생산성 대상을 받을 만한 일이다. 한글개발, 인쇄기술 개발, 제지기술 발전 등이 지식 혁명의 기틀을 마련했고 그것이 경제 활성화를 이루었다. 활자개발 과정에서 나온 노하우는 금속공업 발전에도 기여했다. 하나의 기술이 다른 기술 개발을 자극하여 경제성장의 밑받침이 된 것이다.

셋째, 세종은 역사상 가장 위대한 CIO(Chief Information Officer, 최고정보관리책임자)다. 그의 정보 수집 및 관리에 대한 신념은 오늘날 인터넷의 특징인 새로움, 개방성, 유효성과 상통한다. 그는 정보에 민감했다. 정보를 국가 경영의 주요 수단으로 활용했다.

당시 과학문명 선진국 중국과 이슬람으로부터 배우기 위해 출장자들에게 늘 신간 구입을 명했다. 그래서 숙소도 유리창이라는 백화점식 서점 근처에 얻게 했다. 새로 나온 책은 꼭 두 부씩 구입하게 했고 수집한 책은 인쇄소에서 복사판을 찍어 배포하기도 했는데 당시 집현전 도서관에 더 이상 보관이 불가능해지자 장서각이라는 도서관을 새로 건립했다. 그는 서적을 경사사집 4부 분류체계란 방법을 통해 분류 소장케 했다.

또 다른 업적은 조선실록을 세 부 더 복사해 전주, 충주, 성주 사고에 보관케 했던 것이다. 비상시 백업플랜을 만들어 두었던 셈이다. 이로 인해 임진왜란 당시 세 곳 사고의 실록이 모두 없어졌지만 전주사고가 남아 지금도 조선실록을 볼 수 있다.

넷째, 무엇보다 세종의 위대함은 좋은 인재를 많이 발굴하여 폭넓게 사용했다는 데 있다. 경제를 살리는 것도 연구를 하는 것도 의학기술을 개발하는 것도 결국은 사람이란 생각을 했던 것이다. 그는 다양한 경로와 전략을 통해 인재를 대거 영입했다. 다음은 그의 인사철학이다.

"덕은 외롭지 않아 반드시 이웃이 있다(德不孤 必有隣). 조선에 인재가 없는 것이 아니고 그들이 나타나려 하지 않음이 문제이다. 인재가 없음을 탓하지 말고, 그들이 나와 같이 일하려 하지 않음을 탓해야 한다."

장영실의 아버지는 원나라에서 귀화한 사람이고, 어머니는 부산 동래의 기녀였다. 당시로는 도저히 중용할 수 없는 사람이었다. 세종은 신하들의 엄청난 반대에도 불구하고 그를 종6품인 상의원별좌에 임명하였는데 이 직책은 고을의 현감과 같은 직급이었다. 이런 파격인사는 신분제도하에서 자기 능력을 펼치지 못해 절망하던 인재들에게 숨통을 터주고 조선을 다이내믹한 사회로 만드는 데 많은 기여를 했다.

세종은 본인이 알아야 경영을 할 수 있다는 철학을 갖고 있다. 새벽 5시부터 시작되는 경연에 빠진 적이 없을 정도로 학문을 닦는 데 열성을 기울였다. 경연이란 강의를 듣고 신하들과 토론을 하는 자리인데 하루에 다섯 번을 했다. 대단한 열정이다. 국가의 프로젝트, 이슈에 대해 그렇게 많은 시간을 투입한 결과 최고의 CEO가 될 수 있었던 것이다.

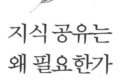

지식 공유는
왜 필요한가

풍부한 지식과 다양한 경험을 가진 사람들을 자주 만나면 그들을 통해 많은 것을 배울 수 있다. 한국 회사와 외국 회사를 교대로 옮겨 다닌 덕에 날카로운 통찰력을 얻은 사람이 있다.

"한국 회사도 나름대로 장점이 많습니다. 다만 모르고 있을 뿐이지요. 외국 기업의 정량적 평가가 좋을 것 같지만 반드시 그렇지는 않지요. 선진화될수록 평가제도는 단순해지지요. 저 회사는 저런 제도가 좋고, 이 회사는 이런 이유로 어려워졌고….."

여러 회사를 통폐합하여 새로운 회사를 만들고 그 와중에서 새로운 문화를 만드는 데 공을 세운 분의 이야기를 들었다.

"4개의 회사를 하나로 만드는 일을 했습니다. 정말 어려운 일이었지요. 노조가 4개가 있다면 믿으시겠습니까? 처음에는 모두 독립성을 인정했습니다. 물리적인 결합 후 화학적인 결합은 서서히 진행했습니다. 무엇보다 힘들었던 것은 사람 문제였는데 이런 방식을 사용하여 효과를 보았습니다. 그 경험으로 인해 갈등 조정에는 귀재가 되었습니다."

이처럼 기업의 안과 밖에서의 소중한 경험, 스킬, 거기서 배운 노하우는 말로 다할 수 없는 가치를 갖고 있고 그것은 사람에게 녹아 있다.

지식의 공유와 시너지

그분들의 이야기를 정신없이 듣다가 내가 질문을 했다. "어렵게 배우고 깨달은 지식과 노하우의 관리는 어떻게 하십니까? 지식이란 한 사람이 갖고 있는 것보다는 다른 사람과 공유할 때 시너지가 날 것 같은데 어떻게 생각하십니까?" 그러면 대강 이런 식의 답변을 듣게 된다.

"그렇지 않아도 뭔가 정리정돈을 해야겠다고 생각은 했는데 쉽지가 않네요. 하지만 언젠가 정리를 할 겁니다." 혹은

고수의 학습법

"제 이야기를 털어놓으면 책 몇 권은 낼 수 있겠는데 아직은 때가 아니란 생각입니다."

그런 이야기를 들으면 '언젠가 그런 날이 과연 올까? 지금은 유용한 지식이지만 그 날이 되어도 지금의 지식이 여전히 유용할까?' 하고 의문이 생긴다. 그리고 지금의 지식을 정리 정돈하고 업그레이드할 수 있는 방법은 과연 무엇인지 생각하게 된다.

지식은 신진대사가 중요하다

육체적인 건강을 위해서는 신진대사가 중요하다. 섭취하고, 소화하고, 배설하고, 다시 흡수하는 신진대사가 원만하게 이루어져야 한다. 흡수만 하고 배설을 안 한다면 소화불량에 걸리게 되고, 섭취는 없이 쏟아내기만 하면 그것은 부도수표를 남발하는 것과 같다. 늘 섭취, 소화, 배설 사이의 균형이 필요하다. 신진대사의 측면에서 지식은 음식과 같다.

책이 되었건 강의와 업무가 되었건 매일 우리는 엄청난 양의 지식과 정보를 흡수한다. 경험과 지식을 사용해 업무를 하고 거기서 다시 아이디어를 얻고 새로운 경험과 생각을 더해 좀더 나은 방식으로 일을 하고…, 이런 것이 소화 단계다. 마지막이 배설 단계다. 적절하게 소화와 배설을 하지 않고 머릿속이 꽉 차게 되면 더 이상의 지식이 들어갈 틈이 없어 발전 속도가 느리다. 그때그때 배운 지식과 아이디어와 노하우는 메모하거나 글로 옮겨 필요한 것만 편집하고 불필요한 것은 어떤 형태로든지 배설해야 한다.

지식의 섭취, 소화, 배설은 구분할 수 있는 것이 아니다. 단계를 거치며 서로가 서로에게 영향을 끼치고 도움을 주고받는다. 자극을 받음으로써 지식을 얻고, 그럼으로써 과거의 사례가 현재의 문제에 연결된다. 그런 경험과 깨달음을 다른 사람들에게 나누어줌으로써 다른 사람도 자극을 받아 자신의 생각을 펼치고 그 생각을 내게 피드백한다. 그렇게 함으로써 서로 업그레이드되지 않을까.

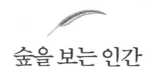

숲을 보는 인간

지식 시대가 되면서 평생학습은 이 시대를 사는 모든 사람의 숙제가 되었다. 평생학습의 중요성을 깨닫는 것도 중요하지만 어디서 어떤 방법으로 이를 성취할 것이냐 하는 문제 또한 중요하다.

지식 공유로 생긴 새로운 시각

새로운 프로젝트를 여러 사람과 같이한 적이 있다. 금융회사를 상대로 하는 프로젝트였는데 영역이 새롭고 넓어 여러 사람의 지혜를 모아야 했고 나는 구성원의 한 사람으로서 그들과 몇 달간 같이 일했다.

완전 별개 분야의 사람들이 한 가지 목적으로 만나 일을 하는 게 흥미로웠고 그 과정에서 배우고 느낀 바가 많았다. 경제학, 심리학, 교육학, 공학 등 다양한 백그라운드를 가졌고 기업체 사장, 교수, NGO 등 직업도 다 달랐다. 이들과 이야기를 나누면서 늘 지적 자극을 받았다. 같은 이슈를 놓고도 생각하는 것이 참 다양했다. 사용하는 용어, 접근 방법, 사용 도구도 달랐다.

나 같이 현장에 있는 사람들은 사례와 경험과 통찰력에서는 유리하지만 틀을 만드는 데에는 서툰 반면 교수들은 논리적이고 틀을 만드는 데 뛰어났다. 내가 생각과 사례를 이야기하면 교수는 그 사례를 논리의 틀에 맞춘다. 구슬을 만드는 사람과 구슬을 꿰는 사람이 구분되는 것이다. 이것이 시너지구나 하는 생각이 들었다. 전공이 다르고, 시각이 다르고, 하는 일이 다르고, 주특기가 다른 사람들이 모여 함께 일을 한다는 것은 효과가 있고 본인에게도 유익하다는 깨달음이 왔다.

다른 분야의 사람들과 이야기를 나누다 보면 내가 하는 일에 대한 새로운 아이디어나 시상이 떠오르는 경우가 많다. 잡종 강세는 그런 의미에서 진리다. 비슷한 사람들끼리의 교

고수의 학습법

류 못지않게 다른 사람들과의 폭넓은 교류는 발전을 위한 필수조건이다.

잡종 강세 시대

자동차도 휘발유 차보다는 휘발유와 전기를 다 사용할 수 있는 하이브리드 자동차가 인기를 얻고 있다. 개인도 한 가지만을 잘하는 사람보다는 멀티플레이어가 각광받는 시대다. 주식회사 남이섬의 강우현 사장은 잡종이 강하다는 것을 보여주는 극명한 사례다.

디자이너 출신인 그는 원래 CI(Corporate Identity)회사를 운영했는데 우연히 남이섬을 놀러 갔다가 사람이 하나도 없는 데 충격을 받았고 남이섬을 한번 혁신해보라는 오너의 주문을 받고 일을 시작했다.

"우리는 돈 버는 것이 목적이 아닙니다. 사람들을 재미있게 하여 오게 만드는 것입니다. 한 번 온 사람이 다시 오게 만드는 것입니다. 어떻게 하면 돈을 벌 수 있을지를 고민했다면 남이섬은 망했을 것입니다. 우리는 재미를 추구합니다. 편안한 휴식을 추구합니다. 그래서 사람들로 하여금 다시 오고 싶다는 생각이 들게 합니다."

그의 경영방식은 일반인의 생각과는 완전히 다르다. 예전

남이섬과 지금의 남이섬은 완전 다른 세상이다. 추운 겨울에도 일본과 대만의 관광객으로 넘쳐난다. 남이섬이 변화할 수 있었던 것은 그가 전혀 다른 DNA를 가졌기 때문이다.

아리스토텔레스, 레오나르도 다빈치, 다산 정약용, 연암 박지원은 모두 여러 분야를 넘나든 사람이다. 깊게 파려면 넓게 파야 한다. 여러 분야가 서로 모여 자극을 주고받으며 배우고 문제를 해결해야 한다. 현재 우리의 문제 중 간단한 것은 하나도 없다. 그런 문제는 다 해결했다. 남은 것은 모두 복잡한 문제뿐이다. 통섭이라는 접근법으로 문제를 해결해야 한다.

그는 무엇이 다른가

나는 공대를 나왔고 연구원으로 직장 생활을 시작했다. 미국에서 재료공학으로 박사학위를 받았고 대기업에서 이른 나이에 임원을 했다. 별 경험 없이 매니저가 된 나는 많은 어려움을 겪으면서 경영에 관심을 갖게 되었다.

40대 초반 회사를 나와 컨설턴트로 방향을 선회했고 지금은 기업을 대상으로 자문을 하고 리더십 관련 강의를 하고 있다. 나도 이해할 수 없는 커리어다. 당연히 사람들은 "어떻게 공대를 나와 그런 일을 하느냐? 경력이 특이하다." 하고 내 커리어에 호기심을 보인다. 나 역시 '공대를 나온 내가 이런 일을 할 수 있을까?' 하고 처음에 의구심이 있었지만 지금은 아니다.

한 우물만 파는 것이 답일까?

지금은 오히려 공대를 나왔고, 대기업 경험이 있었기 때문에 잘할 수 있다는 생각이다. 한 우물만을 파는 것이 강점이 될 수도 있지만, 이 우물 저 우물을 파는 것도 강점이 될 수 있다. 한 가지만 잘하는 사람도 필요하지만 여러 가지 일을 해본 사람이 잘하는 일도 분명 있다. 그런 면에서 미래 시대는 잡종이 강세를 보이는 시대가 될 것이다.

모임도 그렇다. 명문대에서 학위를 딴 김 박사는 연말이면 지도 교수를 중심으로 제자들 모임에 참석한다. 지도 교수는 그 방면 권위자이고 그런 만큼 제자들은 연구소나 학교 등 여러 곳에 진출해 있다. 그 분야에서는 막강한 영향력을 행사해 아무개 사단으로 불린다.

공부하는 사람들이라 모여서도 공부에 대한 끈을 놓지 않는다. 각자 자기 연구 분야에 대해 발표도 하고 다른 사람들의 코멘트도 듣고 부부 동반으로 여흥도 즐긴다. 의미 있는 모임이지만 해마다 참석자가 줄어 고민이 많다. 이유를 물

고수의 학습법

어보자 "무엇보다 배우자가 재미없어 합니다. 평소에도 같은 이야기를 듣는데 1년에 한 번 모여서까지 그런 이야기를 들어야 하냐고 불평을 합니다. 게다가 매일 보는 사람들끼리 뻔한 주제로 이야기를 하니 자극도 없고 새로움이 없습니다. 그저 지도 교수 눈치 보느라 의무감에서 나오는 것이지요." 라는 답을 들었다고 한다.

하이브리드형 인간에게 필요한 것

하이브리드형 인간이 되기 위해서는 무엇을 해야 할까? 첫째, 전공에 대한 집착을 버려야 한다. 우리는 고교시절부터 문과와 이과를 구분한다. 하지만 이게 무슨 의미가 있는가? 전공대로 사는 사람이 몇이나 있는가?

내 경우는 섬유과를 나왔지만 글을 쓰고 강의를 한다. 내 친구들은 나를 '섬유국문과'를 나왔다고 놀린다. 전공에 연연하지 말아야 한다. 화공학을 전공했다고 해서 평생 화공 관련 일로 밥을 먹을 필요는 없다. 화공학을 배웠다는 것은 화공학 관련 일로 사회생활을 시작할 가능성이 높다는 정도다. 이보다는 '세상에 내가 못할 일은 없다, 기회가 오면 무슨 일이든지 도전해보겠다.' 하는 일에 열정을 갖고 최선을 다해보겠다는 적극적 자세가 중요하다. 가장 나쁜 것은 '문과생인 내가 어떻게 저런 일을 해.' 하는 소극적인 태도다.

둘째, 늘 주변에 관심을 갖고 폭넓은 시야를 갖도록 노력해야 한다. 깊게 파려면 넓게 파야 한다. '나는 연구원이니 연구만 잘하면 된다.', '공돌이가 무얼 알겠느냐.'라는 태도는 곤란하다. 비록 연구소에 근무하지만 다른 분야 사람들이 무슨 일을 하는지, 그들 고민이 무엇인지를 알려고 해야 한다. 다른 분야 책을 읽고 공부해야 한다. 세상만물은 모두 연결되어 있다. 이것이 저것에 자극을 주고, 저것 때문에 이것이 움직인다. 위대한 발견이나 혁신은 늘 엉뚱한 곳에서 시작된다.

셋째, DNA가 다른 사람들 모임에 적극 참여해야 한다. 내가 자동차 회사를 다닐 때에는 세상 모든 사람이 자동차를 팔아 먹고살 거라 생각했다. 하지만 컨설팅을 하면서 먹고살 방법이 이렇게 많다는 것을 새삼 깨달았다. 무엇보다 다양한 직업, 백그라운드를 가진 사람들과의 만남이 즐겁다는 사실을 알게 되었다.

넷째, 평생학습을 해야 한다. 새로운 시대의 문맹은 글자를 못 읽는 사람이 아니다. 공부하기를 중단한 사람이다. 미래의 지식노동자는 3년을 주기로 새로운 것에 도전해야 한다. 그렇지 않으면 도태될 수밖에 없다. 이는 앨빈 토플러와 피터 드러커의 말이다. 정말 맞는 말이다.

대학에서 달랑 배운 전공 하나를 갖고 몇 년이나 견딜 수 있을까? 박사 학위의 유효기간이 얼마나 될까? 최대 3년이다. 우리 모두의 아젠다는 평생학습, 새로운 학문에의 도전이다. 그러다 보면 그것이 예전의 지식과 화학반응을 보여 예상치 못한 통찰력이 생긴다.

순혈주의가 강한 집단이나 개인일수록 후진성을 면할 수 없다. 우리가 남인가를 외치는 사람치고 제대로 된 사람을 본 적이 없다. 그저 있는 자리를 보전하기 바쁠 뿐이다. 다름의 위대함을 깨달아야 한다. 다름이 줄 수 있는 자극을 즐길 수 있어야 한다. 같은 사람끼리 모여 있다는 사실에 위기의식을 느낄 수 있어야 한다. 우리는 다른 사람과의 만남을 통해 좀더 나아질 수 있다.

창조가 이루어지는
교차점

프란스 요한슨, 《메디치 효과》 요약 노트

남아공에 있는 보험회사 올드 뮤추얼은 환경에 관심이 많은 건축가 믹 피어스에게 에어컨 시설이 없는 짐바브웨에 매력적이고 기능적인 건물을 만들어 달라고 요청한다. 짐바브웨는 너무 더워 에어컨이 없이는 정상적인 활동이 불가능하다. 아프리카에서 성장했고 런던에서 공부한 그는 흰개미가 개미탑을 시원하게 유지하는 방법을 응용해 이 문제를 멋지게 해결한다.

아프리카는 한낮에는 기온이 38℃까지 올라가지만 밤에는 5℃까지 떨어진다. 흰개미는 새로운 통풍구멍을 만들고 오래된 구멍을 막으면서 내부 온도를 일정하게 유지하는데, 그는 이 메커니즘을 건축에 활용했던 것이다. 그 결과 에어컨 없이 내부 온도를 항상 24℃로 유지하는 건물을 완성했다. 보통 건물이 사용하는 에너지의 10%만을 사용해 건축과 생태를 절묘하게 결합시킨 결과다. 이처럼 서로 다른 생각이 한

곳에서 만날 때 혁신적인 아이디어가 폭발적으로 증가한다.

어떻게 해야 효과적으로 학습하고 성과를 낼 수 있을까? 많이 돌아다니고 여러 가지를 보고 경험해야 한다. 또 다양하게 섞여야 한다. 라틴계 가수 샤키라의 성공이 그렇다. 그는 영어앨범을 내자 마자 빌보트 차트 1위에 등극한다. 그는 콜롬비아 출신인데, 아버지는 레바논 사람이다. 아랍과 라틴 풍의 곡을 팝과 록에 뒤섞어 결합한 것이 그의 노래다. "그의 노래는 라틴아메리카 음악과 미국의 팝스타일을 뒤섞어 경계를 허물었다."라고 전문가들은 이야기한다.

이처럼 문화를 혼합해 뒤섞는 추세는 영화, 문화, 음악, 미술 등 모든 분야에서 나타난다. 연예인 중에 유난히 이민자 출신이 많은 것도 이런 이유 때문이다. 잡종 강세는 진리다. 미래는 퓨전의 시대다.

과학 분야도 그렇다. 개별적인 과학의 시대는 끝났다. 한 저자의 단독 논문은 점점 찾아보기 힘들어지고 여러 분야의 저자들이 함께 논문을 쓰는 경우가 많아졌다. 뉴멕시코 산타페 연구소는 서로 다른 분야의 연관성을 발견하기 위해 만들어졌다. 목적 자체가 새로운 과학 통합의 추구다. 예를 들어, 생물학자는 경제학자와 함께 새로운 시장 형태에 관한 다양한 아이디어를 창출한다. 그들이 금융전략의 발전을 설명하기 위해 사용하는 모델은 생물학자가 포식자-먹이체계, 경쟁체계, 공생체계의 집단을 이해하기 위해 사용하는 수학공식과 비슷하다.

아이디어를 많이 내는 것이 중요하다. 양질(量質轉換)의 원리다. 피카소는 2만 점의 그림, 아인슈타인은 240편의 논문, 바흐는 매주 한 편씩 칸타타를 작곡했고, 에디슨은 무려 1,039개의 특허를 보유하고 있다. 거장들은 좋은 작품 못지않게 형편없는 작품도 많이 만들었다. 아이디어의 양이 많아지면 그에 따라 질이 높아진다.

창의적 발상은 늘 우발적으로 발생한다. 혁신적인 논문을 누가 썼는지 알기 위해서는 관련 분야에서 가장 많은 논문을 썼는지 알아보면 된다. 1954년, 노벨화학상, 1962년에는 노벨 평화상을 수상한 화학자 라이너스 폴링은 "좋은 아이디어를 얻는 최고의 방법은 가능한 많은 아이디어를 확보하는 것이다."라고 이야기한다.

기존 네트워크를 끊고 새롭게 출발하는 것도 필요하다. 〈백설공주〉를 만든 월트 디즈니는 오래전부터 2D 분야의 선두주자였지만 지금은 아니다. 〈니모를 찾아서〉, 〈몬스터 주식회사〉를 만든 픽사가 컴퓨터 그래픽을 이용해 전통적인 2D 시장을 물리쳤기 때문이다. 이것은 기존 네트워크의 함정에

고수의 학습법

빠져 새로운 기회를 놓친 대표적 사례다.

디즈니는 90년대까지 〈미녀와 야수〉, 〈알라딘〉, 〈라이언 킹〉 등의 초대형 애니메이션의 선두주자였다. 스티브 잡스가 루카스 필름의 컴퓨터그래픽 부서를 인수해 설립한 픽사는 그래픽 기술을 애니메이션 분야에 성공적으로 접목시켰다. 그는 1986년부터 1994년까지 단편영화와 광고만을 찍으며 새로운 기술을 준비하는 데 비해 디즈니는 아무런 준비도 하지 않았다. 그러다 픽사는 오랜 노력 끝에 교차점에 들어섰고, 그 이후부터 기술이 혁신적으로 향상되기 시작한 것이다. 기존의 가치 네트워크 안에 안주하는 기업은 외부에서 활동하는 기업보다 교차적 아이디어를 내기가 훨씬 어렵다.

가장 고기가 많은 곳은 어디일까? 한류와 난류가 만나는 곳이다. 지식도 그렇다. 교차점에서 창의성은 생긴다. 이를 위해 호기심을 갖고 많이 돌아다니는 것, 다양한 사람들과 만나고 섞이는 것, 주기적으로 다른 분야에 도전해보는 것, 문제점을 갖고 사물을 보는 것, 많은 아이디어를 내는 것, 가끔은 자신의 분야와 단절하는 것 등이 필요하다.

2장

통찰력을 키우는
어른 공부

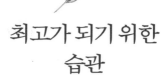

최고가 되기 위한
습관

최고가 되기 위해서는 뚜렷한 목표가 있어야 한다. 거기까지 가야 하는 이유를 알고, 거기까지 가고 싶은 열정이 있어야 한다. 누가 시켜서는 절대 그 위치까지 올라갈 수 없다. 사람마다 회사 다니는 이유가 다르지만 전문가가 되기 위해 회사를 다닌다고 생각하면 그는 다른 사람보다 쉽게 전문가가 될 수 있을 것이다.

최고는 아무나 되는 것이 아니다. 최고는 글자 그대로 한 사람만 존재한다. 최정상에 여러 사람이 존재할 수는 없다. 최고가 되기 위해서는 아픔과 고통이 있어야 한다. 최고는 하루아침에 만들어지지 않는다. 일정 시간이 필요하다. 무엇보다도 프로세스가 필요하다.

학(學)은 배우는 과정으로 공부를 말한다. 어떤 분야에 입문하면 일단 배워야 한다. 삼성인력개발원의 신태균 전 부원장은 "공부는 되고 싶은 미래 내 모습과 현재 내 모습 사이의 갭을 메우려는 모든 행위다."라고 했다.

신입사원이 인사부서에 들어왔다고 가정해보자. 경영학과를 나왔다 해도 그가 아는 지식과 경험은 별것 아니다. 며칠 일해보면 자신이 아는 것이 얼마나 별 볼일 없는지 바로 알 수 있다. 그게 현재 자기 모습이다. 그런데 팀장을 봤더니 완전 초절정고수다. 채용이면 채용, 평가면 평가 정말 모르는 게 없다. 관련 책도 몇 권 썼고 상사가 어떤 질문을 던져도 청산유수로 답한다. 나도 모르게 저런 사람이 되어야지 생각한다. 그게 미래 내 모습이며 목표다. 그곳까지 가기 위해 엄청 애를 쓴다. 책도 보고, 사람들에게 물어도 보고, 집에서 인터넷 강의도 듣고, 여기저기 쫓아다닌다. 이게 바로 학이다.

습(習)은 익히는 과정이다. 배우는 것과 익히는 것은 완전 다르다. 습의 한자는 새끼 새가 날갯짓하는 형상이다. 수영하는 법을 비디오로 배웠다고 수영할 수 있는 건 아니다. 대학에서 인사 관련 이론을 배웠다고 이를 실제 현장에서 바로

고수의 학습법

써먹을 수 있는 것도 아니다.

익히는 건 누가 대신 해줄 수 없다. 스스로 하면서 몸으로 익히는 방법 외엔 없다. 현장에서 아는 것을 적용하다 보면 수많은 시행착오를 겪는다. 이론과 실제가 다르다는 것, 여기서는 통했던 것이 저기서는 통하지 않는다는 것, 머릿속에는 들어 있는데 표현이 어렵다는 것 등을 배울 수 있다. 깨지고 터지기도 하고 좌절도 하고 실망도 하지만 반드시 필요한 과정이다.

관(慣)은 몸에 배게 하는 과정이다. 처음에는 모든 것이 낯설고 몸에 익지 않아 헤맬 수밖에 없다. 하지만 매일 꾸준히 하다 보면 눈 감고도 할 수 있다. 뇌가 기억하는 것을 넘어 몸이 기억하는 것이 참다운 지식이다. '배어 들다'란 말에서 '배우다'란 말이 나온 걸 봐도 그 중요성을 알 수 있다.

행(行)은 실제 행동으로 옮기는 것을 말한다. 평생 배우기만 하고 쓰지 않는 지식은 무용지물이다. 머리로 알지만 실천하지 않는다면 아무 소용이 없다. 지식은 활용해 무언가 가치를 창출할 때 가치가 있다.

요즘, 글쓰기 관련 책 집필을 위해 수많은 유명 저자의 글쓰기 노하우를 수집하고 있다. 사람마다 다 다르지만 확실한 공통점이 있다. 글을 쓰기 위해서는 매일 일정 시간 동안 노동자처럼 꾸준히 써야 한다는 사실이다. 시상이 떠오르건 말건 그 시간이 되면 무조건 책상에 앉아 글쓰기를 해야 한다는 것이다. 그게 바로 최고가 되는 방법이다.

최고가 되기 위해서는 학, 습, 관, 행의 프로세스를 익혀야 한다. 이 글자에서 나온 말이 학습, 습관, 관행이다. 학습하고 이를 습관으로 만들고 이게 내 몸에 관행으로 자리 잡게 해야 한다. 매일 꾸준하게 학습하다 보면 어느새 최고가 된 나 자신을 발견할 것이다.

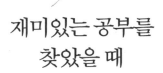

재미있는 공부를
찾았을 때

나는 평생 크게 두 가지 성격의 공부를 했다. 하나는 먹고살기 위한 공부다. 공부만이 살 길이라는 절박함으로 대학을 가고 국비시험을 보고 박사학위를 받았다. 솔직히 재미없었지만 먹고살기 위해 공부했다.

또 하나는 내가 좋아서 하는 공부다. 마흔 이후 지금까지는 내가 좋아서 공부했다. MBA공부는 재미있었다. 공학박사 눈에 그건 신천지였다. 그 후에는 리더십센터란 곳에서 경영을 하면서 리더십 공부를 했다. 조직을 이끌면서 배운 것을 적용하려고 했다. 교수를 하면서는 다양한 주제로 가르쳤다.

성공한 CEO들을 보면서 성공에 대해, 자기계발에 대해 공부하고 책을 쓰기 시작했다. 또 책 관련 일도 했다. 20년 전 세리시이오에 책 소개를 시작하면서 DBR에도 책 소개를 하다 교보의 북멘토로 일하면서 책에 둘러싸여 일하게 됐다.

공부한 후 변화 그리고 성장

내가 좋아서 하는 공부에 힘쓰다 보니 어느 순간 달라진 내자신을 발견했다.

첫째, 문장해독력이 좋아졌다. 문해력, 즉 글을 읽고 짧은 시간에 핵심을 파악하는 능력이다. 둘째, 어휘력이 늘어났다. 그 사람의 지식 수준은 그 사람이 알고 있는 단어의 숫자에 비례한다. 아는 단어가 500개인 사람과 5,000개인 사람은 보는 시야가 다를 수밖에 없다. 500개인 사람이 평지에서 세상을 본다면 5,000개인 사람은 지상 10미터 위에서 세상을 보는 것과 같다.

셋째, 아이디어가 많아졌다. 책에서 배운 하나하나는 점에 해당한다. 그런데 그런 점들이 어느 날부터 연결되는 걸 느낀다. 누군가가 무슨 이야기를 하면 나도 모르게 거기에 대한 아이디어가 탁 떠오르고 자연스럽게 그걸 이야기해주는데 제법 영양가 있다는 소리를 듣는다.

넷째, 코멘트하는 능력이 좋아졌다. 코멘트란 어떤 사안에 대한 나만의 의견이다. 코멘트하는 걸 보면 그 사람의 지식 수준을 알 수 있다. 대부분의 사람들은 "좋아요." 정도의 코멘트를 하는데 그건 초등학생도 할 수 있는 말이다. 제대로 된 코멘트를 하려면 많은 지식·경험·사고의 축적이 필요하다.

다섯째, 질문이 달라졌다. 아는 것이 많아지면서 질문 수준이 달라진다. 내가 봐도 가끔 기막힌 질문을 한다. 한번은 한국경제가 무너지고 있고 정부가 이대로는 안 된다는 부정적인 강의를 들었다. 사실 새로운 건 없고 늘 들었던 내용이었다. 난 "그건 알겠는데, 만약 당신이 대통령이면 무얼 어떻게 바꾸고 싶은가요?"라고 질문했고 강사는 당황하면서 자기도 뾰족한 대안은 없다고 답했다.

여섯째, 다양한 곳에 호기심이 생기고 호기심을 채우기 위해 책을 더 읽게 되었다. 책이 책을 낳고 호기심이 호기심을 낳는다는 사실을 절감한다.

일곱째, 유연해졌다. 예전에는 뭔가 걸리는 것이 많았다. 맘에 들지 않고 싫은 게 많았다. 공부를 하면 점점 그런 것들의 숫자가 줄어든다. 이해의 폭이 넓어졌고 예전보다는 다양한 시각으로 사물을 보게 된다. 쓸데없는 주장을 하거나 고

집을 부리는 일이 줄어들었다. 그래서 공자님이 학즉불고(學 卽不固, 배우면 딱딱해지지 않는다)를 주장했던 것 같다.

공부의 효용

공부를 하면 여러 가지 긍정적인 변화가 있는데 무엇보다 삶의 충만감이 높아진다. 지식이 지혜가 되고 그게 경제적 풍요도 가져온다. 한마디로 삶의 질이 올라가는 것 같다. 이런 느낌은 참 설명하기 어렵다. 실제 책을 많이 읽고 공부를 한 사람만이 느낄 수 있는 기분이다.

다음은 조윤제의 《천년의 내공》에 나오는 공부의 효용성을 나타내는 일부다.

"공부를 하면 어떤 효용성이 있을까? 걱정이 사라진다. 미래를 볼 수 있고 거기에 대한 깨달음 덕분에 머리가 맑아진다. 반대로 공부를 하지 않으면 미래를 읽을 수 없고 두려움이 생긴다. 관련 말은 지자불혹 인자불우 용자불구(知者不惑 仁者不憂 勇者不懼)이다. 지혜로운 자는 미혹당하지 않고, 어진 이는 근심하지 않고, 용감한 자는 두려워하지 않는다는 말이다. 풀어서 설명하면 어리석으면 사기를 당하기 쉽고 그럼 자꾸 두려워진다는 것이다. 이 말을 들으면 아무 준비 없이 은퇴를 앞둔 사람이 연상된다. 생전 부엌에 들어간 적이 없는 사람이 남의 이야기만 듣고 치킨집을 하다 말아먹는 그림이 그려진다.

공부의 또 다른 장점은 주제 파악이다. 공부를 하면 자신이 부족한 사람이란 사실을 깨닫게 된다. 사람들이 공부하지 않는 이유는 자신이 무지하단 사실을 모르기 때문이다. 학연후지부족 교연후지곤(學然後知不足 敎然後知困)이가 그런 말이다. 배우고 난 뒤 자신의 부족함을 알게 되고, 가르치고 나서야 어려움을 알게 된다는 말이다. 이것과 연결된 말이 교학상장(敎學相長)이다. 가르치는 것과 배우는 것은 서로를 자라게 한다는 뜻이다.

공부의 핵심은 자기성찰이다. 공부를 해야 자신이 어떤 사람이란 사실을 알 수 있다. 내가 뭐가 부족한지, 앞으로 어떻게 살고 싶은지, 둘 사이에 어떤 갭이 있는지를 알고 노력하게 되는 것이다. 이게 공부의 목적이다.”

당신은 현재 어떤 공부를 하고 있는가? 혹시 대학 졸업 후 분서갱유한 채 지금까지 살고 있지 않은가? 당신은 공부에 대해 어떻게 생각하는가? 공부를 한다면 어떤 공부를 하고 싶은가? 공부의 결과물로 무엇을 기대하는가? 내가 건네고 싶은 질문이다.

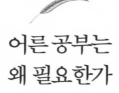

어른 공부는
왜 필요한가

사회에 나온 후 책 한 권 읽지 않고 살아 가는 사람이 많다. 만약 주기적으로 국가에서 모의고사를 보고 거기에 따라 사람을 분류한다면 어떤 일이 일어날까? 공부를 열심히 한 사람과 안 한 사람을 구별해 차등을 두어 세금을 매긴다면 어떤 일이 벌어질까? 분서갱유한 사람에게 당신은 직장 다닐 자격이 없으니 1년간 직장을 떠나 책 100권을 읽고 시험을 본 후 다시 복직하라면 어떨까? 밥을 제대로 먹지 않으면 영양실조에 걸리듯, 오랫동안 책을 읽지 않으면 뇌에 이상이 생긴다면 어떨까? 혼자 그런 생각을 가끔 한다.

공부에 대한 여러 가지 생각

공자는 옥불탁 불성기, 인불학 부지도(玉不琢不成器人不學不知道)라고 했다. "옥은 다듬지 않으면 그릇이 될 수 없고, 사람은 배우지 않으면 도를 알지 못한다."라는 뜻으로 공부하지 않으면 사람 노릇을 할 수 없다는 의미다. 유방은 육가에게 "천하를 얻는 것은 마상에서 할 수 있지만, 천하를 다스리는 것은 안상(案上)에서 이루어진다. 공부하지 않으면 사직을 유지할 수 없다."라고 했다. 제발 공부를 좀 해라, 공부하지 않고 어떻게 나라를 다스리느냐는 질책의 말이다.

고미숙이 쓴 《공부의 달인 호모쿵푸스》에는 다음과 같은 내용이 나온다.

"젊은 시절 공부 안 하는 건 그런대로 용서받을 수 있지만 나이 들어 공부하지 않는 것은 치명적이다. 젊은 시절에는 삶을 깊이 있게 바라볼 기회가 별로 없다. 나이 들수록 생업전선을 누비고 부모가 돌아가시면서 산전수전을 다 겪게 된다. 그것을 지혜롭게 통과해 나가려면 본격적으로 공부해야 한다.

예전의 공부는 돈과 지위를 얻기 위한 수단이다. 즐거움은커녕 공부에 대한 악감정만을 만들 뿐이다. 공부란 눈앞의 실리를 따라가는 것과는 정반대의 벡터를 지닌다. 아주 낯설고 이질적인 삶을 구성하는 것, 삶과 우주에 대한 원대한 비전을 탐구하는 것, 그것이 공부다. 공부는 자유에의 도정이다. 자본과 권력, 나아가 습속의 굴레에서 벗어나 삶의 새로운 가능성을 탐색해야 비로소 공부를 한다고 말할 수 있다. 공부는 그 자체로 존재의 기쁨이자 능동적 표현이다. 지금 대학은 공부와 실리를 혼연일체로 사고한다. 그것과 무관한 공부 그 자체에 영역이 있다는 걸 생각해야 한다."

내가 생각하는 공부의 정의

나는 《한근태의 재정의사전》에서 공부를 '원하는 삶과 현재 사이의 갭을 줄이기 위한 모든 행동과 노력'이라고 정의했다. 풀어서 설명하면 내게 공부의 출발역은 관심분야가 생기는 것이고 종착역은 이를 책으로 쓰는 것이다.

운동, 질문, 재정의 관련한 책을 쓸 때 그렇게 했다. 관련한 정보를 모으고 책을 보고, 사람들을 찾아다니며 관련한 질문을 하면서 한동안 거기에 꽂혀 지낸다. 그게 얼마나 짜릿한지 모른다. 늘 그 주제를 향해 안테나를 세우고 정보를 모으고 공부한 후, 어느 순간 글로 풀어내고 이를 묶어 책으로 낸다. 글을 쓰면서 여기서 배운 것과 쓴 것은 웬만하면 실천하겠다고 다짐한다.

고수의 학습법

내가 공부하는 이유

내가 공부하는 이유를 다음과 같이 정리해봤다.

첫째, 난 공부가 재미있다. 점점 재미가 커진다. 새벽에 일어나 책을 읽고 글을 쓸 때 말할 수 없는 희열을 느낀다. 내게 공부만큼 재미있는 일은 많지 않다.

둘째, 생존하기 위해 공부한다. 난 공부할 수밖에 없는 환경이다. 적어도 한 달에 책을 20권 정도는 봐야 한다. 관련 잡지도 몇 권은 봐야 한다. 책 소개를 위해, 내가 보고 싶은 책, 집필 주제 관련 책 등 봐야 할 책이 차고 넘친다. 그래서 어떨 때는 스페어타이어처럼 '스페어 눈'이 있었으면 하는 바람도 품은 적이 있다.

셋째, 변화하기 위해 공부한다. 강연이 주 직업인 나는 다양한 사람들에게 노출되어 있다. 난 그들을 모르지만 그들은 나를 알고 예의주시하고 있다. 책을 샅샅이 찾아 읽는 사람도 있고, 강연회가 있으면 늘 앞자리에 앉아 강의를 듣는 사람도 있다. 가끔 이들이 하는 코멘트를 들으면 두렵다. 내가 썼던 글뿐 아니라 생활전반을 꿰뚫고 있기 때문이다. 이들은 내가 발전하는지, 아니면 작년에 했던 이야기를 또 하는지 정확하게 알고 있다. 만약 그들 입에서 "저 사람은 매번 저 이야기만 한다, 레퍼토리가 뻔하다."라는 이야기를 들으면 어떻게 하나 두렵다. 이런 일을 방지하기 위해 난 계속 새로운 콘텐츠를 생산해야 하는데 방법은 지속적인 공부뿐이다.

넷째, 무엇보다 배운 것을 실천하는 게 내 목표다. 말만 번지르르하다는 말을 듣는 게 두렵다. 《몸이 먼저다》란 책을 쓴 내가 만약 남산만 한 배를 하고 다닌다고 가정해보자. 쥐구멍에라도 들어가야 할 것이다. 그 상태로 어떻게 강의를 계속하겠는가?

다섯째, 난 배운 걸 주변 사람들에게 쉽게 풀어 설명하는 걸 좋아한다. 그러려면 공부해야 한다. 네이버에 나온 수준의 정보로 사람들을 즐겁게 할 수는 없다.

내게 공부는 더 이상 공부가 아니다. 일상이다. 하루에 세 번 밥을 먹듯이 난 책을 읽고 글을 쓰고 사색하는 게 일상이다.

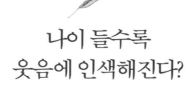

나이 들수록
웃음에 인색해진다?

호기심은 인간의 원초적 본능이다. 발전의 원동력이다. 호기심이란 선악을 떠나 뭔가 다른 것, 저 멀리 있는 것, 이해하기 힘든 것을 알아내려는 인간의 욕망이다. 호기심이 생기면 세상은 재미있고 호기심이 사라지면 세상은 지루하다.

떨어지는 사과를 보고 뉴턴은 만유인력의 법칙을 발견했다. 호기심 때문이다. 과학자는 사물 원리에 대한 호기심이 있어야 한다. 좋은 리더가 되려면 사람에 대한 호기심이 있어야 한다. 그래야 관심이 생긴다. 관심이 생기면 관찰을 하게 된다. 질문을 하게 된다. 공부도 하게 된다. 그러면서 지식도 생기고 애정도 생긴다. 호기심은 발전을 하고 세상을 풍요롭게 살기 위한 가장 중요한 자산이다.

호기심은 살아있다는 증거이자 젊다는 상징

어린애들은 호기심덩어리다. "왜 포도는 다닥다닥 붙어 있나요?", "왜 달은 둥근가요?", "왜 물은 차가워요?" 저런 게 왜 궁금할까 싶으면서도 설명할 방법이 없어 말문이 막힌다. 싱싱한 사람일수록 호기심이 많고 상태가 안 좋은 사람일수록 호기심이 적다. 호기심이 없으면 죽은 것과 같다.

　호기심이 있어야 배울 수 있고 발전할 수 있다. 공부 잘하는 애들의 공통점은 호기심이 많다는 것이다. 공부에 있어서는 누구에게도 뒤지지 않는 엔씨소프트 사장 윤송이 씨에게 오늘날 그녀를 만든 것이 무엇이냐는 질문을 던졌다.

　"저는 궁금증을 참지 못하는 성격이었어요. 궁금증이 완전히 풀릴 때까지 파고드는 편이었어요. 그래서 어떤 선생님은 너는 어떻게 그런 걸 다 궁금해하느냐고 되묻는 선생님도 있었어요."

　호기심이 그녀를 만든 것이다. 그런 면에서 "스승은 절대 제 발로 걸어오지 않는다."라는 격언은 가슴에 와닿는다. 돈과 행운은 가끔 공짜로 오지만 깨달음은 간절히 원해야만 온다. 시장기가 최고의 입맛인 것처럼 호기심은 그 자체로 배움의 가장 중요한 조건이다. 깨달음과 배움의 전제조건은 호기심이다. 피터 드러커 같은 경영학 구루가 강연을 해도 궁금한 게 없고 아쉬운 게 없는 사람에겐 무용지물일 뿐이다. 하지만 호기심이 있는 사람에겐 세상 모든 사건과 사람이 배움의 대상이다.

호기심은 성공의 필수조건

대한민국에서 제일 유명한 스시집 효스시의 안효주 사장에게 기자가 "이곳에는 부자들이나 성공한 사람들이 많이 올 텐데 어떤 공통점이 있나요?"라고 질문하자 안 사장은 잠시 생각한 후 이렇게 대답했다고 한다.

"성공한 사람들은 호기심이 많더군요. 궁금한 게 있으면 참지 못하고 물어봅니다. 그게 다릅니다."

모 컨설팅회사 사장에게 일류 컨설턴트가 되기 위한 조건이 뭐냐고 물어봤다. 그러자 "호기심과 체력입니다. 컨설팅은 일정한 도구와 프로세스를 갖고 일을 합니다. 고객이 바뀌고 업은 변하지만 하는 일의 본질은 비슷합니다. 호기심이 없는 사람은 금방 싫증을 냅니다. 쉽게 지칩니다. 호기심이 있는 사람은 스스로 자가발전을 합니다. 호기심이 연료 역할을 하는 것이지요."라고 답했다. 호기심이 있어야 삶이 지루하지 않다.

가끔 삶이 지루해졌다는 이야기를 듣는다. 그런 이야기를 들을 때마다 이렇게 이야기해주고 싶다.

"세상이 지루해진 것은 아니다. 세상은 예나 지금이나 마찬가지다. 세상이 지루해진 것이 아니라 당신 호기심이 사라진 것이다."

만약 신나게 살고 싶다면 사라진 호기심을 되살려야 한다. 이를 위해서는 자극이 필요하다. 환경 변화, 하는 일의 변화, 새로운 사람과의 만남, 여행 등이 자극이 될 수 있다.

고수의 학습법

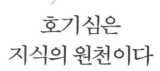

호기심은
지식의 원천이다

외국어를 배우는 데에도 호기심은 중요하다. 나는 외국어 공부가 재미있었다. 일본말과 한자를 배우는 게 지루하지 않았다. 가령 이런 식이다.

'첨단산업'의 첨은 뾰족할 첨(尖)자다. 가만히 들여다보니 아래는 클 대(大), 위에는 작을 소(小)다. 큰 것이 점점 작아진다는 의미다. '아하, 그러니까 뾰족해진다는 말이구나.' 하고 무릎을 탁 쳤다. 초복, 중복할 때 쓰는 업드릴 복(伏)자도 그렇다. 사람 인(人)변에 개 견(犬)자를 썼다. '아하, 더워서 사람이 개처럼 엎어져 있다는 말이구나.' 하고 무릎을 탁 쳤다.

부유할 부(富)는 집 면(宀) 밑에 밭 전(田)자가 있고, 한 일(一)에 입 구(口)다. 밭은 있는데 입이 하나밖에 없으니 부자가 될 수밖에 없다는 말이다. 이 말과 대조적인 건 가난할 빈(貧)이다. 재물을 뜻하는 조개 패(貝)와 나눌 분(分)이다. 재산을 나누니 가난해질 수밖에 없다는 말이다. 이런 식으로 해석하니 한자를 배우는 게 너무 재미있었다.

연결하여 추론하는 즐거움

일본말도 그렇다. 처음 일본말을 배울 때 일본말은 많은 부분 한국에서 건너갔다는 이야기를 듣고 자꾸 연결하는 버릇이 생겼다. 그러다 보니 재미있고 쉽게 외워졌다. 이런 식이다.

일본 말로 학(鶴)은 스루다. 우리말로는 두루미다. 스루와 두루는 같은 말이 아닐까? 미는 우리말로 물을 뜻한다. 미나리는 물에 사는 나리, 미숫가루는 물에 타먹는 가루를 뜻한다. 일본 말로 물은 미즈다. 그렇다면 물에 사는 스루라서 두루미가 된 게 아닐까? 그렇게 연결이 되고 새로운 깨달음이 올 때의 즐거움은 맛본 사람만이 안다.

이름의 의미를 묻는 것도 호기심을 충족시키는 좋은 방법이다. 지금은 사라진 종로의 피맛골이 그렇다. 참 특이한 이름이라 어원을 알아봤더니 뜻이 있었다. 큰 길은 말이 다니

고수의 학습법

기 때문에 지저분하고 시끄러웠다. 말을 피해 뒷골목으로 다 닌다는 의미에서 피마(避馬)에서 나온 말이란다. 그 말을 듣는 순간 새로운 깨달음이 왔다.

기업 이름도 그렇다. 웅진그룹은 윤석금 회장이 충남 공주 사람이라 공주의 옛 지명인 웅진을 회사 이름으로 했다. 남 양유업은 남양 홍씨인 오너가 본관을 가져온 것이고, 보령제 약은 고향인 보령을 위해 회사 이름을 그렇게 지은 것이다. 알고 보는 것과 모르고 보는 것은 느낌이 다르다.

인간은 호기심의 동물이다. 주어진 것에 대해 의문을 품고 질문을 던지는 과정을 통해 문화를 발전시킬 수 있다. 질문 할 수 있는 능력이야말로 진화의 비결이다. 스티븐 스필버그 감독은 "가장 위대한 업적은 '왜?'라는 아이 같은 호기심에서 탄생한다. 마음속 어린아이를 포기해서는 안 된다."라고 했 다. 부디 배움의 원천인 마음속 호기심을 유지하고 발전하길 바란다.

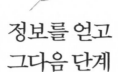

정보를 얻고
그다음 단계

프로 야구를 즐기기 위해서는 해설가가 중요하다. 그런데 어떤 해설은 차라리 안 하느니만 못한 것도 있다. "지금 이 순간에 안타를 맞는 것은 곤란합니다. 팀 분위기를 해치지요."라는 식의 해설은 삼척동자도 할 수 있다. 안타란 언제 맞아도 좋지 않은 것 아닌가? 상황에 따라 말이 달라지는 해설은 최악이다. 결정적인 순간에 시도한 도루가 실패했을 때 "무리한 도루는 안 됩니다" 같은 해설 말이다. 만약 성공했다면 이 도루로 게임의 흐름을 바꾸었다고 이야기할 것이다.

고수의 학습법

일반인은 보지 못하는 것을 보는 전문인

누구나 뻔히 알고 있는 이야기, 하나마나 한 이야기, 사후약방문식의 처방 같은 이야기는 전문성이 없다. 친구들끼리 수다 떨면서 할 이야기다. 그런 의미에서 나는 하일성 해설위원을 좋아한다. 그의 해설은 다르다. 일이 벌어지기 전에 끊임없이 경고하고 일반인이 보지 못하는 것을 본다.

"폼이 흩어졌네요, 팔로우스루가 나빠 홈런을 기대하기는 힘들어요. 볼이 가운데로 몰리는 게 컨디션이 좋지 않네요, 견제구를 던지지 않으면 도루를 허용할 겁니다."

대개의 경우 게임은 그의 예측대로 흘러간다. 볼이 가운데로 몰린 투수는 안타를 허용하고 교체되거나 견제구를 던지지 않기 때문에 도루를 허용한다. 그를 보면 전문가란 역시 다르다는 생각이 절로 든다.

히딩크 감독 역시 대표적인 전문가다. "한국 축구는 정신력, 체력 다 좋은데 마지막 골 결정력이 부족하다."라는 식의 막연한 분석 대신 정량적으로 새로운 진단을 내놨다.

"프랑스, 이태리 등 일류 선수를 100으로 쳤을 때 한국 축구는 힘과 지구력 50, 기술 85, 전술 60, 스피드 80, 자신감 60, 경험과 불안 억제력 30, 경기 중 의사소통 및 책임감 20. 성취동기 100, 국가와 축구에 대한 사명감 99다."라고 했다. 그중

에서도 특히 체력의 중요성을 강조하며 "체력 없이는 정신력
도 소용없다. 한 경기에는 180번의 순간 동작이 나오는데 그
럴 경우 회복 속도는 평균 30초 남짓이다. 그 안에 회복할 수
있어야 한다. 현재 선수들이 러닝 후에 정상 맥박으로 돌아
오는 데 걸리는 시간은 4분이다. 하지만 더 줄여야 한다. 회
복력이 받쳐주지 않고는 경기에서 이길 수 없다."라고 했다.

　예전 진단과는 달리 그는 체력의 중요성을 강조했던 것이
다. 월드컵이 얼마 안 남았는데 한가하게 체력단련이나 한다
는 우려가 있었지만 그는 전문가다운 분석을 통해 이를 밀어
붙였고 좋은 성과를 거두었다.

전문성과 통찰력

전문가란 어떻게 만들어지고, 어떻게 훈련되어야 할까? 내
정의는 이렇다. 전문가란 그 분야에 있어 전문성을 가진 사
람이다. 일반인보다 나은 통찰력으로 본인 나름대로 진단할
수 있고 처방할 수 있어야 한다. 무엇보다 일반인이 보지 못
하는 것을 볼 수 있어야 한다.

　이런 날카로운 시각을 위해서는 책도 많이 보고, 현장 경
험도 많아야 하지만 이를 바탕으로 나름의 사고 틀을 갖는
것이 중요하다. 하일성, 히딩크는 일류 선수 출신은 아니지

만 나름대로 많은 연구를 통해 그 분야에서 일정 경지에 이른 사람들이다.

전문가가 되기 위해서는 가설과 관찰이 필요하다. 스포츠 경기를 보더라도 별 생각 없이 그저 보는 것과 추측하면서 보는 것은 큰 차이가 난다. 가설을 세우고, 추측하면서 관찰하게 되면 내공이 하루하루 늘 수밖에 없다. 관찰을 통해 가설이 틀렸다는 것을 알게 되면 다른 가설을 세우게 될 것이고, 관찰을 통해 검증된 가설은 그 자체가 이론이 된다. 경험이나 관찰을 통해 이론을 확인하면서 더욱 탄탄하게 하는 과정이 바로 전문가가 되는 길이다.

나의 지인 중 유 사장은 가설과 검증으로 골프의 고수가 되었다. 그는 책을 통해 골프 이론을 배운 후 게임을 시작했는데 발전 속도가 놀라웠다. 얼마 전 필드에서 그의 노하우를 듣게 되었다.

"저는 다른 사람이 치는 것을 보면서 예측을 합니다. 스탠스 때문에 슬라이스가 날 것이다, 고개가 먼저 돌아가기 때문에 어떻게 될 것이다, 스윙이 너무 빨라 제대로 맞추지 못할 것이다…, 식으로 말입니다."

이런 식으로 예측하고 검증하는 게 막연히 보는 것보다 재미있어서 사이클을 반복하게 되어 나름 골프 보는 눈이 트인 것이다. 그는 필드에서 많은 사람들에게 시기적절한 원 포인트 레슨을 하여 큰 도움을 주는데 나도 수혜자 중 한 사람이다. 간단하게 처방하기 때문에 게임을 하면서 나아진다는 것을 느낄 수 있다. 그런 노하우를 모아 조만간 골프 관련 책을 펴낼 예정이란다. 아무 생각 없이 그저 골프를 친 나는 구력이 20년이 다 되어가지만 원시인 수준이다. 하지만 구력이 나보다 훨씬 짧은 그는 이미 전문가의 영역에 들어섰다.

전문가를 영어로 'expert'라고 하는데 경험을 뜻하는 'experience'가 어원이다. 많은 경험을 해야 전문가가 된다는 것이다. 난 반만 동의한다. 전문가가 되기 위해서 경험이 필요한 건 맞지만 아무 생각 없는 경험은 경험으로 그칠 뿐이다.

내가 생각하는 제대로 된 경험의 정의는 객관적 사건과 거기에 대한 주관적 해석의 결합이다. 유 사장처럼 경험을 보면서 나름의 해석을 할 수 있어야 경험이 쌓이면서 전문가가 되는 것이다. 나름의 추측, 가설, 생각이나 해석 등이 있어야 전문가가 되는 것이다.

"나는 추측 없이는 뛰어난 관찰도 독창적인 관찰도 없다는 것을 굳게 믿습니다."

이는 1867년 찰스 다윈이 알프레드 월리스에게 보낸 편지

에서 한 말이다. 가설을 세워보는 것, 이를 실험이나 관찰을
통해 검증하는 것, 사건에 대해 나름의 해석을 해보는 것이
과학의 발전 방향인 동시에 전문가가 되는 방법이다.

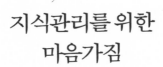

지식관리를 위한
마음가짐

지식이 자산이 되는 시대에서 전문성은 최소한의 자기 보호 방편이다. 지식을 관리하면 살아남고 그렇지 못하면 이 시장에서 장렬한 죽음을 맞이할 수밖에 없다. 이를 위해서는 어떤 마음가짐이 필요할까?

첫째, 배움에 대한 갈증이 있어야 한다. 변화에 능동적으로 대응하기 위해서는 끊임없이 학습하고 지식을 업데이트해야 한다. 무엇보다 배움 그 자체를 즐기고 좋아해야 한다.

둘째, 지식과 경험의 선순환의 고리를 만들어야 한다. 서로가 서로에게 영향을 끼치고 도움을 주고받는다. 피터 드러커는 "지식은 배우고 가르치고 나누면서 시너지를 낳는다. 혼자만 알고 있는 지식보다는 나누고 영향을 끼치는 것이 지식인 본연의 임무다."라고 했다.

셋째, 호기심의 안테나를 세우고 있어야 한다. 지식과 호기심은 불가분의 관계다. 목표를 세우고, 무언가 갈증이 있으면 관련된 정보가 귀에 쏙쏙 들어오고 그렇지 않은 정보는 자동적으로 걸러진다.

예전 도장공장에서 품질문제로 고민을 하고 있을 때 이를 깨달았다. 당시 도장공장에서의 불량 문제를 해결하는 것이 내 미션이었는데 앉으나 서나, 집에 있건 등산을 가건 늘 공장의 불량 문제만을 생각했다. 불량의 제1 원인은 먼지였는데 먼지 관련된 이야기만 나오면 귀를 쫑긋 세우고 관심을 가졌다. 반도체 공장이 먼지 관리를 잘한다고 해서 어렵게 공장 방문을 한 적도 있고, 먼지가 안 나는 옷을 구입하기 위해 업체 사장을 만나기도 했고, 먼지를 잘 볼 수 있는 휴대용 현미경을 사서 공장을 돌아다니기도 했고, 화장품과 불량률과의 상관관계를 공부하기도 했다. 그런 이유로 회사 내에서 내 별명은 먼지박사(Dr. dirt)였다. 그 덕분에 문제점을 해결할 수 있었다.

목표를 갖고, 일정 분야에 관심을 가지고, 늘 호기심의 안

테나를 세우는 것은 지식 쌓기의 주요 단계다. 호기심은 또 다른 호기심을 낳고, 지식은 또 다른 지식을 낳는다. 공부를 하면 할수록 더 공부할 것이 많아지고, 아무것도 안 하고 있으면 세상에 궁금한 것이 사라진다. 책도 읽을수록 읽고 싶은 책이 많아지고 생전 책 한 권 안 읽는 사람은 책 읽을 필요성을 느끼지 못한다. 이것이 세상의 이치다.

넷째, 다른 업종의 사람들로부터 배워라. 배움은 다른 분야에 관심을 갖고 그쪽 분야 사람들과 어울릴 때 생겨나는 경우가 많다. 다른 분야에서 자기 분야를 들여다보면 의외의 성과를 얻을 수 있다. 세상의 문제점은 한 가지 전공을 한 사람이 풀기엔 너무 복잡하다. 다양한 시각, 여러 종류의 경험과 백그라운드를 가진 사람들이 모여 힘을 합쳐야 풀 수 있다.

다섯째, 현장에서 배워라. 배움은 책과 강의와 세미나에서만 나오는 것이 아니다. 세상을 살아가는 데 필요한 지식과 스킬은 학교 교육을 통해 배우기 어렵다. 고객만족이 무엇인지, 동기부여를 어떻게 하는지, 화난 고객을 어떻게 다룰지, 노조와의 협상을 어떻게 해야 하는지, 어려운 상대를 어떻게 설득할지를 학교에서 무슨 수로 가르칠 것인가? 가장 중요한 배움의 장소는 바로 현장이다.

고수의 학습법

여섯째, 비평을 통해 다듬어라. 쇠를 강하게 하는 것은 불과 망치다. 지식을 강하게 하는 것은 다른 사람의 피드백과 비평이다. 자신의 지식이 호소력이 있는지, 적절한지, 문제점은 없는지를 파악하고 주기적으로 품질을 관리하는 것은 필수다. 이를 위해서는 자신의 지식을 기꺼이, 의도적으로 다듬을 필요가 있다.

자유로운 비평은 사람을 힘들게 하지만 그런 과정이 있어야만 학문도 다듬어지고, 못보고 지나갔던 문제점도 볼 수 있다. 비평을 통해 검증이 이루어진다. 일방적인 강의보다는 쌍방향의 대화식 강의가 훨씬 생산적이고 그런 과정을 통해 품질 좋은 이론과 사람이 나올 수 있다. 우리들의 어색하고 딱딱하고 자유롭지 못한 문화는 말 못하고 생각 못하는 사람들을 대량으로 생산한다. 지식과 생각은 서로 주고받으면서 자극하고, 자극받으면서 깨우치게 된다.

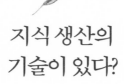

지식 생산의
기술이 있다?

　　　　　　　　　　당신은 혹시 엄청 많이 듣고 읽긴 하지
만 그 지식을 그냥 방치하고 있지 않은가? 혹시 정보의 홍수
속을 헤매고 있는 건 아닌가?

　독자적인 지식과 아이디어가 경쟁력이다. 남이 하는 이야
기, 누구나 아는 정보를 받아들이기만 해서는 원하는 바를
이룰 수 없다. 나름의 방법으로 정보를 받아들이고, 처리하
고, 재창조하는 능력을 키워야 한다.

정보의 창출, 지식 생산

"내가 그동안 경험한 것을 책으로 쓰면 소설 몇 권은 될 거야."란 말을 자주 듣는다. 사실 맞는 말이다. 그런 말을 할 정도로 얼마나 많은 정보를 수집하고, 경험하고, 책을 읽고, 수많은 사람을 만났겠는가. 하지만 대부분의 사람은 그 정보를 머릿속에 갖고 있을 뿐이다. 언젠가는 책으로 쓰겠다고 하지만 그 언젠가는 오지 않는다. 현직을 떠난 후에는 그 정보도 빛을 잃는다. 정보에도 유통기한이 있기 때문이다. 그런 의미에서 어떻게 정보를 수집하고, 소화해서, 처리하고, 재창조하느냐는 문제는 중요한 이슈다.

지식 생산은 생각을 통한 생산이다. 다시 말해 기존 정보 혹은 새로운 정보를 바탕으로 정보처리능력을 적용시켜 새로운 정보를 만들어내는 작업이다. 지식 생산에는 창조라는 요소가 필요하다.

정보가 흔해진 오늘날, 사람들은 모두 비슷한 정보를 갖고 있다. 지식 생산 기술을 갖고 있느냐, 그것을 실행에 옮기느냐에 따라 승부가 달라진다. 지식 생산에서 가장 중요한 것은 생각하려는 자세와 생각한 것을 직접 실천해보려는 용기다.

살다 보면 새로운 발견, 아이디어, 번쩍이는 영감이 누구에게나 찾아온다. 하지만 순식간에 사라진다. 그렇기 때문에 그 순간 그 자리에서 기록해야 한다.

　레오나르도 다빈치는 못하는 것이 없는 만능박사였다. 그의 핵심역량은 메모다. 그는 주머니에 수첩을 넣고 다니면서 무엇이든 적었다. 만난 사람의 특징을 기록하고, 장바구니를 들춰보며 일일이 물건 값도 메모했다.

　새로운 생각은 문장으로 적는 것이 좋다. 그럴 여유가 없을 때에는 제목만이라도 기록해두었다 여유 있을 때 그 내용에 살을 붙여 문장을 완성하면 된다. 생각이 정리되면 문장으로 옮겨야 한다. 이때 문장은 짧지만 명확해야 한다.

지식의 정리, 검토, 출력

지식 생산을 위해서는 흡수, 소화, 배설이 필수적이다. 배설하지 않으면 지식의 변비 현상이 나타난다. 그러면 새로운 지식이 들어오지 못하고 비평가로 전락할 가능성이 높다.

　지식 흡수에는 독서가 최고다. 책을 읽은 후에는 독서노트를 작성한다. 저장 창고에 보관한다. 김치에도 숙성기간이 필요하듯 정보에도 숙성기간이 필요하다. 입력된 정보는 몸 안에서 나름 숙성의 기간을 가지면서 나만의 지식이 된다. 그런 의미에서 입력된 정보를 바로 출력하는 것은 위험할 수 있다.

지식 생산에는 정보의 정리, 검토, 출력이 필요하다. 이를 위해서는 훈련이 필요하다. 물건 정리 못지않게 정보의 정리는 중요하다. 정보가 정리되어 있다는 것은 언제든 찾아 쓸 수 있도록 준비되어 있다는 뜻이다. 겉으로 보기에 깨끗하고 깔끔해도 어디에 뭐가 있는지 모르면 소용이 없다. 반대로 다소 지저분해 보여도 필요한 자료를 척척 찾을 수 있다면 정리가 되어 있다고 보아야 한다.

정돈보다 정리가 훨씬 어렵다. 서재와 책상을 정돈하는 것은 당사자가 아니어도 할 수 있지만 어지럽게 늘어놓은 자료를 정리하는 것은 당사자만이 할 수 있다. 이를 위해서는 정보의 보관이 중요하다. 잘 보관해야 잘 꺼낼 수 있다. 내 경우에는 폴더를 만들고 정보를 분류해 집어넣는다. 이슈별로 거기에 맞는 정보를 넣는다. 그리고 필요에 따라 정보를 꺼내어 정리한다. 시간이 지나면서 창고가 늘어나고 폴더도 세분화된다.

지식 생산은 김장을 담그는 것과 같다. 막상 김장을 담그는 데에는 오랜 시간이 걸리지 않는다. 그보다는 원재료를 구입하고 다듬고 준비하는 데 시간이 걸린다. 지식 생산도 그렇다. 글을 쓸 때에도 원재료와 자료 준비가 중요하다. 이것이 완벽하면 막상 글을 쓰는 데 오랜 시간이 걸리지 않는다.

　한편, 작업장도 중요하다. 내 경우에는 주로 집에서 일을 한다. 작업장은 집필과 독서가 이루어지는 곳이다. 사무실과 개념이 다르고 자료 창고라고 볼 수도 없다. 내 성역이고 밀실이다. 내 지식 생산은 대부분 이곳에서 이루어진다. 테마가 결정되면 필요한 자료와 책을 자료 창고에서 찾아 작업장 책상 위에 놓는다. 웬만한 준비는 끝난 셈이다. 남은 것은 일에 집중하는 것이다.

경쟁력은
어디에서 오는가

박재윤, 《혁신지식》 요약 노트

아이디어는 지식의 축적에서 나온다. 뭔가 새로운 것을 만들어내기 위해 가장 필요한 건 무엇일까? 이 역시 지식의 축적이다. 창의성은 짜내는 것이 아니라 흘러넘치는 것이다. 창의성은 압도적 지식의 축적에서 나온다. 지식 축적의 결과물이 바로 창의성이고 아이디어다. 경쟁력의 원천 역시 지식이다

혁신의 출발점도 지식이다. 혁신에는 기술 혁신과 절차 혁신이 있다. 진공관이 트랜지스터로 바뀐 것은 기술혁신이지만 자동차 판매방식이 리스로 바뀐 것은 절차 혁신이다. 혁신지식에는 세 요소가 있다. 정보력, 창의력, 협력이 그것이다.

정보를 얻기 위해서는 정보의 원천에 접근할 수 있어야 하는데 방법 중 하나는 바이링구얼이 되는 것이다. 두 가지 이상의 언어를 할 수 있어야 하는데 영어가 그렇다. 잉글리시

디바이드란 말처럼 앞으론 영어를 못하면 경쟁에서 이길 수 없다. 인류의 4분의 1은 영어로 소통하고 그 사용 인구는 점점 늘어가고 있다. 지금은 영어를 모국어로 사용하는 사람보다 더 많은 사람이 영어를 제2외국어로 사용한다. 모노링구얼은 바퀴가 하나 달린 자전거를 타는 사람이고 바이링구얼은 바퀴가 두 개 달린 자전거를 타는 것과 같다. 사람이 두 개의 언어를 구사하는 것은 한 사람이 두 사람이 되는 것이다. 승리하기 위해서는 바이링구얼이 되어야 한다.

창의성을 위해서는 정보의 가공이 필요하다. 방법 중 하나는 사건을 시계열(時系列)로 보는 것이다. 시간 흐름에 따른 변화를 관찰하는 것이다. 날마다 달라지는 주식가격, 온도, 강우량, 판매량, 생산량, 인구증가율 등을 시계열로 보면 현상의 특징을 알 수 있다.

두 현상 사이의 시계열 자료를 보면 한 가지 현상 변화에 따른 다른 현상 변화를 알 수 있다. 매출 증감에 따른 이익 증감, 날씨와 매출 간 상관관계도 알 수 있다. 월별 시계열 자료를 만들면 미래 예측도 가능하고 어떤 현상에 대한 통제도 가능하다. 이를 거시적으로 표현하면 역사적 접근이다.

역사를 공부해야 하는 이유는 과거를 알아야 현재와 미래를 볼 수 있기 때문이다. 과거에 대한 이해는 세 가지 원칙에

고수의 학습법

따라 이루어진다. 첫째, 과거와 현재의 차이를 인식해야 한다. 이를 구분하지 못하는 걸 시대착오라고 한다. 물질적 차이 못지않게 정신적 차이도 보아야 한다. 가치관, 우선순위, 공포, 희망 모두 다르다. 둘째, 과거의 배경을 인식해야 한다. 정확한 역사 이해를 위해서는 사건이 일어난 배경을 알아야만 한다. 배경을 모른 채 역사 이야기를 하는 건 잠망경으로 세상을 본 후 세상을 안다고 착각하는 것과 같다. 셋째, 과정을 인식해야 한다. 역사는 과거 사건들 모음 그 이상이다. 개별 사건보다는 사건과의 관계를 해석할 수 있어야 한다. 지식은 정보와 정보 사이의 상관관계를 알아가는 것이다.

정보를 보는 또 다른 방법은 횡단면 접근이다. 횡단면 접근은 어떤 한 시점 혹은 한 기간에 어떤 현상의 크기를 서로 다른 주체에 대해 자료를 측정하는 것이다. 어떤 현상 값을 여러 주체에 대해 측정함으로써 그 현상에 대한 주체 간 차이를 알 수 있다. 일정 기간 국가별 국민소득과 산업활동에 대한 자료를 비교함으로써 국민소득이 산업활동의 영향을 받는다는 사실을 알 수 있다.

혁신을 위해서는 역발상이 필요하다. 1994년 9월 에스토니아에서 스톡홀름을 향하던 여객선이 전복된다. 이 사건으로 95명이 사망하고 757명이 실종된다. 폭풍우가 치면서 파도가 높게 일어 배가 요동치자 갑판에 실려 있던 자동차가 한쪽으로 쏠리면서 무게중심을 잃고 전복된 것이다. 재발 방지를 고민하던 선박회사는 갑판에 구멍을 뚫었다. 들이치는 해수가 그 구멍을 통해 밑바닥으로 흘러들어 배 밑바닥을 무겁게 한다는 아이디어다. 덕분에 무게중심을 잡을 수 있고 비용도 거의 들어가지 않았다. 평소 피해만 준다고 생각했던 해수를 역으로 이용한 것이다. 이게 바로 역발상이다.

역발상을 위해서는 주객전도가 필요하다. 주체와 객체를 바꾸어 생각해보는 것이다. 사과가 나무에서 떨어진다고 생각하는 대신 지구가 사과를 당긴다고 생각하는 것이다. 그런 생각 덕분에 만유인력의 법칙을 발견할 수 있었다.

선호 파괴도 방법이다. 평소의 선호, 경중, 취사 대신 다른 것을 선택해 보는 것이다. 게임회사 닌텐도는 평소 고객인 젊은 층만을 생각하다 나이든 사람까지 고객으로 생각하면서 혁신에 성공했다.

참외밭을 가진 노부부가 있었다. 그런데 할아버지가 다리를 다쳐 더 이상 참외를 딸 수 없었다. 이들은 밭 입구에 "한 사람이 만원을 내고 들고 갈 수 있을 만큼 참외를 따서 가세요."라고 알림판을 붙였다. 그러자 엄청난 사람들이 몰려 예전보다 훨씬 많은 수입을 올릴 수 있었다. 위기를 기회로 바꾼 것이다. 이처럼 순서를 바꾸는 것, 시기를 바꾸는 것이 기회를 창출한다. 기회는 스스로 만드는 것이다.

　마지막은 협력이다. 협력을 위해서는 시너지를 추구해야 한다. 시너지를 위해서는 공통의 목표와 신뢰를 구축해야 한다. 또 주체들 간 차이가 클수록 시너지가 커진다. 시너지를 위해서는 우리 모두 한 배를 탔다는 사실을 인정해야 한다. 남이 나를 이해하기 전 내가 상대를 이해할 수 있어야 한다. 상대를 이해하고 신뢰하기 위해서는 상대의 말을 잘 들어야 한다. 내 프레임으로 이야기를 듣는 대신 상대의 프레임으로 이야기를 들을 수 있어야 한다.

고수를 만나
배움을 얻다

조용헌, 《고수기행》 요약 노트

'훌륭하다'를 일본어로 표현하면 '리파나'라고 한다. 한자로는 '立派'로 파를 일구었다는 뜻이다. 이처럼 한 분야에서 일가를 이룬 사람을 고수라고 부른다.

족보학 연구가 서수용, 산지기 이우원, 세계 최강 컴퓨터 사주 프로그램을 만든 학교 선생님 김상숙, 베스트셀러 《조선왕 독살사건》의 전업 문필가 이덕일, 오디오 마에스트로 일명 스님, 서울공대와 브라질 산투스 의대를 나온 기공 한의사 이의원, 미국에서 가장 성공한 태권도 대부 이준구 등이 그렇다. 조용헌의 《고수기행》은 이런 고수를 만나 인터뷰하고 이들이 어떤 사람인지를 재미있게 소개한 책이다. 배울 점이 제법 있다.

고수가 되기 위해서는 한 분야에 집중하고 골몰하는 것이 중요하다. 베스트셀러 《조선왕 독살사건》의 저자 이덕일이 대표적이다. 그는 역사와 대중을 이어주는 징검다리 역할을 하는 당대 최고의 문필가다. 그가 이 책을 쓸 때 경종이 사도세자를 물끄러미 내려다보는 꿈을 꾸었다고 한다. 경종은 장희빈의 아들이고 장희빈은 남인의 지원으로 왕실에 들어갔다. 그 때문에 노론의 집중사격을 받았고, 그 소생인 경종도 무사할 수 없었다. 그 꿈을 통해 경종의 죽음과 사도세자의 죽음이 관련 있다는 깨달음을 얻은 것이다.

어떤 역사적 사건이나 인물을 24시간 골똘히 생각하다 보면 의외로 꿈에서 문제 해결의 실마리를 얻을 수 있다. 뭔가 깨달음을 얻기 위해서는 거기에 목숨을 걸어야 한다. 길을 가거나, 이야기를 하거나, 밥을 먹을 때 한 가지 문제에 골몰해야 영감이 생긴다. 사지사지 귀신통지(思之思之鬼神通知)란 이를 두고 하는 말이다. 생각하고 또 생각하면 귀신이 알려준다는 의미다. 아르키메데스의 유레카도 비슷한 경우다.

오디오 마에스트로 일명 스님은 오디오를 제작하고 음을 감지하는 고수다. 일종의 사운드 소믈리에인 것이다. 득음도 일종의 도를 깨우치는 것이다. 보통 폭포 소리를 이기고 자기 소리를 내는 것을 득음으로 알고 있지만 사실은 그렇지 않다. 모든 잡소리를 제거하고 자신의 소리만 듣는 경지를 득음이라고 한다. "많은 사람 속에서도 내 목소리만 들린다."라고 말한 것을 보면 조수미 역시 득음을 한 사람인 것 같다.

《능엄경》의 핵심은 이근원통이다. 이근이란 귀를 말하는데 귀로 소리에 집중하는 수행을 뜻한다. 소리에 집중하는 방법은 관음보살이 수행하던 방법이다. 여기서 말하는 관음은 소리를 듣는 것이 아니라 소리를 보는 것이다. 소리를 본다는 것은 진심을 본다는 말이다. 진심을 발견하고 여기에 일체가 되는 것을 뜻한다. 이런 경지에 이르기 위해서는 귀인이 필요하고 이를 위해서는 평소에 공덕을 많이 쌓아야 한다.

공덕의 첫째는 물질로 도와주는 것이고, 다음은 스스로를 정화시키는 것이다. 술, 담배를 안 하고 육식을 가급적 하지 않고 욕심을 줄여 하루에 1시간 이상 자신을 성찰하는 시간을 가져야 한다. 마지막은 선정력(禪定力)이다. 깊은 삼매에 들어가는 것이고 이른바 기도발이 여기에 해당한다. 한마음으로 기도를 하면 정신통일이 되고, 정신이 통일되면 정신세계에서 응답을 한다. 이 세 가지 차원의 공덕을 쌓다 보면 관상이 바뀌고 분위기가 변한다.

태권도의 대부 이준구도 고수다. 그는 미국에서 가장 성공한 한인 중 한 사람이다. 또 유명한 미국인 제자를 많이 두고 있다. 부시 대통령, 콜린 파월 국무장관, 캘리포니아 주지사 아널드 슈워츠네거, 보브 리빙스턴 하원의장, 하원의장을 지낸 뉴트 깅리치, 일본의 안토니오 이노키 등이 태권도를 통해 알게 된 사람들이다.

태권도가 미국에 호감을 준 이유는 한마디로 규범(discipline)이다. 절도 있는 행동, 어른에 대한 공경, 자신에 대한 책임감을 키우고, 술과 담배, 마약을 멀리하게 하는 힘이 태권도에 있다고 그들은 인식한 것이다. 그는 70이 넘은 나이에도 젊은이 못지않은 체력을 갖고 있었다. 특히 균형, 유연성, 근육강화에 초점을 두고 있다. 하루에 팔굽혀펴기를 1,000회 이상 한다. 30대부터 시작해 거의 매일 빠짐없이 2시간씩 운동을 한다. 힘들지 않느냐는 질문에 그는 "규칙적인 반복이 습관이 되고, 습관이 되어야 기술이 됩니다. 반복해야 세포가 기억을 하지요. 따라서 좋은 습관, 좋은 기술이란 세포가 기억하는 것입니다."라고 답변한다.

고수들의 삶은 남다르다. 그들은 먹고사는 문제에 목숨을 걸지 않는다. 남들이 알아주건 말건 자신들이 하고 싶은 일에서 일정 경지에 오른 사람들이다. 남을 별로 의식하지도 않는다. 다른 사람들이 줄 선 곳에 줄을 서지도 않는다. 각자의 분야에서 나름의 고수가 된 사람은 나름의 학습법을 갖고 있다.

3장

호기심은 폭넓게,
어른 공부는
깊게

직(職)에서
업(業)으로

중앙일보 논설위원을 했던 정진홍 씨는
스스로를 '콘텐츠 크리에이터'라고 정의한다. 그는 삼성경제
연구소의 CEO를 위한 사이트 (www.sericeo.org)에서 인기 코너
'감성리더십'을 진행했고 한동안 오프라인에서 주기적으로
CEO를 위한 인문학을 강의했다.

남들은 대학교수가 되려고 발버둥치는데 그는 대학교수를
그만두고 지금의 일을 한다. 자신이 하고자 하는 업과 대학
교수라는 직이 병존할 수 없음을 깨달았기 때문이란다. 자신
의 업이 명확한 사람은 해야 할 일, 하지 말아야 할 일을 명

확히 알고 있다. 그는 늘 수많은 책을 읽고 소재가 될 만한 사람을 찾아다니고 다양한 사람과의 교류를 즐긴다. 그 과정에서 지적 자극을 받아 자신만의 콘텐츠를 만든다.

업에 대한 재정의

농업에 수조 원의 돈을 쏟아부어도 나아질 기미가 보이지 않는 것은 주지의 사실이다. 부진의 이유 중 하나는 업에 대한 잘못된 정의 때문이다. 한국에 농사꾼은 많아도 농업에 종사하는 사람이 없다는 것이 전문가의 이야기다.

농사는 단순히 농작물을 생산하는 것을 의미한다. 반면 농업은 말 그대로 농사에 대해 생각하는 것이다. 고객은 누구이고 무엇을 원하는지, 그래서 무슨 작물을 재배할지, 이를 어떻게 효과적으로 생산할지(원가개념 고려), 유통은 어떻게 할 것인지를 고려하는 게 농업 종사자다. 당연히 손해 볼 행동은 하지 않는다. 고객개념, 원가개념, 생산성 개념이 들어 있다. 쌀 소비량이 나날이 줄어드는 것은 사람들 입맛이 바뀐 것 못지않게 밀가루 등 경쟁자와의 싸움에서 밀렸기 때문이다. 농업이 제자리를 찾기 위해서는 무엇보다 업에 대한 개념의 재정의가 필요하다. 거기에 탈출구가 있는 것이다.

'우리는 무엇을 팔고 있는가?', '기업은 어떤 것을 고객에게 팔고 있는가?'에 대해 답할 수 있어야 한다. 풀무원이란 회사는 어떤가? 풀무원은 두부와 콩나물을 파는 회사가 아니다. 그들은 '정직과 신뢰'를 파는 회사다. 고객들이 다소 비싼 가격에도 불구하고 이 회사 제품을 사는 것은 풀무원은 믿을 만한 회사라고 생각하기 때문이다. 유한킴벌리는 어떤가? 유한킴벌리는 단순히 티슈나 기저귀를 파는 대신 윤리와 환경철학을 파는 회사다. 고객들이 그렇게 생각하기 때문에 고객 충성도가 97%에 이른다.

이처럼 업에 대해 생각하면 세상이 다르게 보인다. 예를 들어, 보험회사는 안심을 파는 조직이다. 목사님과 신부님은 마음의 평화를 파는 사람들이다. 술집은 즐거움과 편안함을 팔 수 있어야 한다.

업을 재정의할 때 필요한 통찰력

업을 재정의하려면 우선 고객이 누구인지 생각해야 한다. 그들이 무엇을 원하는지, 내가 그들에게 어떤 가치를 제공할 수 있는지, 내가 사라졌을 때 어떤 영향이 있는지를 생각해야 한다. 그렇게 되면 모든 것이 달라진다.

호텔을 단순한 요식 및 숙박업이라고 정의하면 할 게 별로 없다. 그저 메뉴를 개발하고, 방 청소를 깨끗이 하는 정도

일 것이다. 하지만 추억 재생업이라고 정의하면 할 일투성이다. 축구감독 히딩크가 앉았던 곳, 가수 조용필이 묵었던 방, 배우 장동건이 즐기던 메뉴를 판다면 어떨까? 그렇다면 고객에게 서비스 그 이상의 가치를 제공하게 된다.

업에 대해서 개인도 새롭게 정의를 내릴 수 있어야 한다. 나는 스스로를 '통찰력을 파는 사람(insight salesman)'이라고 정의하고 있다. 리더십, 자기계발, 커뮤니케이션에 대한 통찰력을 제공함으로써 개인과 조직에 도움을 주고 싶다는 게 바람이다. 이를 위해서는 효과적인 지식 흡수와 소화, 지식의 임가공과 유통 등이 필요하다.

업에 대해 잘 생각하면 하는 일이 보다 더 즐거워진다. 혹은 업이 달라질 수도 있다. 같은 업을 하는 사람과 차별화도 가능하다. 또 업을 제대로 정의하면 생산성이 올라간다. 할 일과 하지 말아야 할 일을 알 수 있기 때문이다.

업에 충실하면 고객으로부터 사랑받을 수 있고 지속적인 성공이 가능하다. 늘 고객 입장에서 생각하기 때문이다. 직장인이 직업인이 되는 순간, 개인도 발전하고 조직도 발전한다.

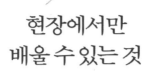

현장에서만
배울 수 있는 것

 'Street Smart'는 세상물정에 빠삭하다는 의미다. 학교에서 배우는 것과 사회에서 배우는 것은 다르다. 중고등학교를 졸업하고 대학에 진학하고서도 사회에 나갈 준비를 한다. 하지만 사실 별 도움이 되지 않는 경우가 많다. 배운 것과 실제 사회에서 일어나는 일이 워낙 다르기 때문이다. 사회가 어떤 곳인가를 설명한다는 것은 군대를 다녀오지 못한 사람에게 군대가 어떤 곳인지를 알려주는 것만큼이나 난감한 일이다. 확실한 것은 현장에서 일을 하면서 '정말 중요한 것'을 배울 수 있다는 사실이다.

영업사원에서 중견기업 오너가 된 김 사장

잘나가는 컨설턴트를 거쳐 중견기업의 오너가 된 김 사장은 제약회사 영업사원 출신이다. 공부보다 노는 것을 좋아하던 그는 일류대학을 나오지 못했다. 그가 사회에 처음 발을 들여놓은 곳은 제약회사다. 영업 중 가장 힘든 영업이 제약 영업이다. 그는 약국 상대 영업을 했는데 그가 배운 모든 것이 그때 몇 년간의 약국 영업에서였다고 한다.

주어진 목표를 달성하기 위해서는 전략 수립이 우선이었다. 제품별 포트폴리오를 어떻게 짤 것인지, 어떻게 제품을 공급하고 현금회수를 할 것인지, 재고를 어떻게 할 것인지, 현금회수를 미루는 약국주인을 어떻게 설득할 것인지, 공짜 샘플이나 서비스를 바라는 사람을 어떻게 대할 것인지, 수많은 약국을 돌아다니면서 성과를 내기 위해 시간을 어떻게 분배할 것인지, 장표 정리는 어떻게 하는 것이 효율적인지, 회사 목표와 약국주인과의 니즈를 어떻게 슬기롭게 조절할 것인지…. 몇 년간 이런 전략을 짜며 영업을 하다 보니 경영에 대한 통찰력이 생겼다는 것이 그의 주장이다.

20%의 제품이 매출의 80%를 차지한다는 것, 20%의 약국주인이 수익의 80%를 주고 있다는 것, 거기에 따라 어떻게 시간과 에너지를 사용할 것인지 알게 되었고, 또 수많은 사

람을 상대하다 보니 고객이 무엇을 원하는지, 그들과 어떻게 협상해야 하는지 알게 되었단다. 한마디로 그는 세상의 모든 경영 법칙을 영업사원을 거치면서 깨달은 것이다.

10년 고생 끝에 중견기업 오너가 된 박 사장

하지만 경험만으로는 안 된다. 그런 경험을 통해 뭔가를 배울 수 있어야 한다. 처음부터 독립해서 성공하기는 쉽지 않다. 대부분의 경우, 조직생활을 통해 일을 배우고 인맥을 쌓은 후 사업을 시작한다.

대기업 간부를 거쳐 중견기업의 오너가 된 박 사장이 대표적이다. 그는 젊은 시절 많은 고생을 했다. 고시 공부에서 몇 번 실패한 후 대기업에 취직했지만 과도한 업무, 얼마 안 되는 봉급, 불확실한 미래 때문에 만족한 생활은 못했다.

하지만 대안이 없었던 그는 주어진 일에 최선을 다했다. 밑바닥 생활을 거치면서 그는 일하는 방법, 전문성, 기업 구조, 프로세스, 사람 대하는 기술 등 많은 것을 배웠다. 무엇보다 기업이 어떤 메커니즘으로 운영되고 어떻게 가치를 창조하는지를 느꼈다. 힘들었지만 시야가 넓어졌다.

우연한 기회에 작은 기업을 인수한 그는 새벽부터 밤늦게까지 10년 이상을 현장에서 땀 흘리며 고생하여 큰 성공을 거두었다. 만약 별다른 고생 없이 부모가 준 돈으로 기업을 인수했다면 결과가 어땠을까?

우리는 평생 공부해야만 한다. 지금같이 빠른 속도로 변화하는 시대에서는 더욱 그러하다. 학교를 졸업하면서 배움을 중단하는 것은 위험하다. 그 인생이 중단될 가능성도 높다. 정말 중요한 것은 현장에서 배운다. 상사로부터, 고객으로부터, 동료로부터 배운다. 그래서 시간이 지날수록 자기 분야에서는 일정 단계에 올라가야 한다.

당면한 문제에
집중하면 보이는 것

대기업 연구소에서 도장공장(塗裝, paint shop)
으로 발령받은 나는 힘든 시간을 보낸 적이 있었다. 몇 달간
열심히 일했지만 생각만큼 성과가 나지 않았기 때문이다.

워낙 다양한 불량 요소가 있었다. 불량 종류는 먼지, 흐름
(칠이 흐른 것을 의미), 크레이터링(cratering), 얼룩, 요철 등 다양했고
그중 먼지 비중은 압도적이었다. 먼지의 종류가 많았다. 단순
한 먼지, 옷에서 나온 먼지(fiber), 머리카락, 칠먼지 심지어 날
파리도 먼지로 보였다.

도대체 어디서부터 무엇을 해야 할지 감이 잡히지 않았다.

이 문제를 해결하면 저 문제가 튀어나오고, 저 문제를 해결했다 싶으면 새로운 문제가 등장해 곤혹스러웠다. 그런데 오랫동안 도장공장에 근무한 사람들은 다양하고 고질적인 문제에 내성(耐性)이 생겨 그런 것에 별다른 문제의식을 느끼지 않고 그런 사실을 자연스럽게 받아들이고 있었다. 동시에 스스로를 합리화하는 데 능했다.

대강 이런 식이다. "원래 도장공장이란 게 관리하기 어렵습니다. 그래도 이 정도 하면 나쁜 편은 아니지요." 괜히 쓸데없이 애쓰지 말고 자족하면서 살자는 식이었다. 난 그런 태도가 맘에 들지 않았다. 분명 해결책이 있을 거란 생각이 들었다.

문제 해결을 위해 외부 현장을 방문하다

문득 세계 최고의 공장은 어떻게 운영되는지 궁금해져서 사람들에게 일류 공장의 관리방법을 물었으나 속시원히 이야기해주는 사람이 없었다. 나는 그런 공장을 방문하고 싶어졌다.

당시 우리 공장에 납품하는 회사가 도요타와 선이 닿아 있어 공장 방문을 주선할 수 있다고 하여 그를 만났다. 하지만 어느 회사이건 도장공장은 방문이 힘들다는 이야기만 했다. 내가 강하게 요구하자 그는 대안을 제시했다. 청소용역업체 사장을 통해 청소하는 사람으로 위장해 공장에 잠입하는 방법이 있긴 한데 그렇게라도 하겠느냐는 것이다. 마다할 이유가 없었다.

며칠 후 일본에 가서 용역업체 사장과 만나 작전을 짰다. 공장이 5시에 가동을 멈추고 1시간 동안 청소를 하는데 그때 같이 들어가 공장을 보고 나오라는 것이다. 대신 한마디도 하지 말고 일본사람 흉내를 내라는 것이다. 천신만고 끝에 도장공장에 들어가게 되었다. 아무것도 질문할 수 없으니 눈으로 보고 느끼는 방법밖에 없었다.

그 경험을 통해 얻은 배움에는 실망스런 부분과 희망이 섞여 있었다. 전체적으로 설비가 첨단의 것도 아니었고 그렇게 깨끗하단 느낌도 들지 않았다. 심지어 우리가 낫다는 생각까지 했다. 반면 벽에 붙어 있는 온갖 도표는 그들이 관리를 얼마나 철저히 하는지 알려주었다. 개인별·공정별로 온갖 데이터가 벽을 도배하고 있었다. 누가 잘하고 못하는지, 어느 공정이 문제이고 어느 도료의 불량률이 높은지를 누구나 쉽게 알 수 있었다.

경험 시간보다 중요한 문제 인식

내가 도요타 공장에 머물 수 있는 시간은 겨우 30분 정도에 불과했지만 견학 후 공장을 잘 운영할 수 있을 거란 자신감이 생겼다. 당시 우리 공장은 개인별·공정별 관리가 너무 허술했다. 중간 품질은 도외시하고 최종 품질만을 갖고 고민했다. 그저 열심히 하자는 이야기만 했지 누가 잘하고 있고 못하고 있는지, 공정별로 뭐가 문제인지를 제대로 짚어내지 못했다.

도요타에서 배운 관리방법을 이용해 나는 불량 문제를 해결할 수 있었다. 큰 문제처럼 보이지만 사실은 자잘한 문제들의 복합체였던 것이다. 개인 문제, 설비 문제, 공정별 문제, 도료 문제가 엉키고 섞여 도저히 풀 수 없는 문제로 둔갑한 것이었다. 막상 큰 문제가 해결되자 자잘한 문제들은 쉽게 해결이 되었고 너무 싱겁다는 생각마저 들었다. 몇 년간 그렇게 우리를 괴롭혔고 도저히 해결 기미가 보이지 않았던 만성적인 문제가 이렇게 풀리다니….

두드리면 열린다. 열리지 않는 이유는 두드리지 않기 때문이다. 집중하면 해결할 수 있다. 해결할 수 없는 이유는 그 문제에 집중하지 않았기 때문이다. 당시 내 머릿속은 온통 도장공장의 불량 문제가 자리를 잡고 있었다. 친구들과 만나도 그 이야기, 집에서도 그 이야기만을 했다. 모든 에너지가

고수의 학습법

불량 문제에 집중되어 있었다.

　나중에 들은 이야기지만 내 이전에도 도요타 공장을 방문한 사람들은 꽤 있었다. 하지만 그들의 관심은 다른 데 있었기 때문에 그런 관리방법이 눈에 들어오지 않은 것이다. 세상에 해결하지 못할 문제는 없다. 문제를 해결하는 최선의 방법은 문제점을 명확히 하고, 거기에 레이저처럼 생각과 에너지를 집중하는 것이다.

문제를 직접 해결했을 때의
성취감

회사 생활을 하면서 가장 보람 있었던 일 중 하나가 도장공장의 불량률을 개선한 사건이다. 남들 눈에는 별것 아닌 것처럼 보일 수 있어도 내게는 의미가 있는 사건이다. 일 년에 걸쳐 고민하던 공장의 불량 문제가 해결되자 가장 기쁜 것은 나 자신이었다. 연구소에서 아오지 탄광(생산과 판매 부문 사람들이 이렇게 놀렸다)이라고 불리던 생산부문에 와서 성과를 냈다는 사실이 기뻤다. 회사에 기여하고 밥값을 했다는 보람도 있었다. 역시 가장 큰 기쁨은 일의 성취에서 느낄 수 있다는 사실도 절감했다.

지식의 전달은 쉽지 않다

당시 나는 1공장 도장공장을 맡고 있었는데 2공장은 여전히 같은 문제로 씨름하고 있었다. 같은 회사에서 한 공장은 잘 돌아가고, 다른 공장은 불량으로 고전하니 모양새가 좋지 않은 것은 당연했다. 2공장장은 나를 만날 때마다 "한 박사, 우리 공장도 좀 봐 주셔야지, 그 공장만 잘나가면 되겠습니까?" 하고 도움을 요청했다. 그래서 나름 노하우를 이야기했다. 공정별, 개인별로 관리를 하여 문제점을 도출하면 해결할 수 있고, 관리 양식은 이렇게 만들고…. 하지만 성과로 연결되지 않았다.

직접 이야기를 듣고 실행을 해도 될까 말까 한데 몇 다리를 건너 이야기를 들으니 노하우가 전달될 리 없었다. 무엇보다 당시 그 부서 책임자는 회사에 마음이 떠나 있었다. 그런 이유 때문인지 그는 내게 아무 질문도 하지 않았다. 그렇다고 내가 나서서 이야기하는 것은 더 이상했다.

지식 전달은 상대의 마음가짐에 따라 달라진다

어느 날 내가 그 부서로 발령이 났다. 올 것이 오고 말았다는 생각이 들었지만 별다른 두려움은 없었다. 오히려 내가 사용한 방법이 여기서도 작동하는지 확인하고 싶었다. 우연히 성공을 거둔 것인지 아니면 제대로 된 성공인지 재현성(再現性 repeatability) 실험을 하고 싶었다.

내가 맡게 된 2공장 직원과 현장 사람들은 이미 소문을 듣고 혁신을 위한 마음가짐이 되어 있었다. 그들은 이렇게 이야기했다.

"그동안 괴로웠습니다. 같이 죽을 쑬 때는 동병상련(同病相憐)의 아픔을 나눌 수가 있었는데 1공장은 문제를 해결했는데 우리만 해결을 못하니 정말 죽을 맛입니다. 빨리 우리 공장도 혁신을 해주십시오."

그야말로 마음의 준비가 된 사람들이었다. 그런 사람들에게 방법을 가르쳐주는 것은 그야말로 식은 죽 먹기였다. 관리방법을 전수하고, 체크시트를 나누어주고, 모니터링을 시키고, 결과에 따라 문제점을 해결했다. 그 공장 역시 한 달 만에 불량 문제가 완전히 해소됐다.

도장공장 문제를 해결하면서 "스승은 절대 제 발로 걸어오지 않는다. 스승은 니즈가 있을 때 나타난다."라는 걸 몸소 깨달았다. 문제의식이 강할 때, 무언가 해결하겠다는 의지가 결연할 때 사소한 것에서도 실마리를 찾게 된다. 하지만 그저 그런 마음으로 아무 니즈가 없을 때에는 누가 무슨 이야기를 해도 귀에 들어오지 않는다. 불량 문제의 심각성에

고수의 학습법

대해 느끼지 못하는 사람에게 옆 부서의 성공은 귀찮은 일이다. 지금 방식으로 조용히 살고 싶은 사람을 괴롭히는 일일 뿐이다.

돈은 원하지 않는 사람에게 가는 수가 있다. 눈먼 돈이 갈 수도 있고, 아무 생각 없이 사둔 땅값이 오르는 경우도 있다. 하지만 지식은 배우고자 하는 사람에게만 간다. 지식은 절대 스스로 찾아가지 않는다.

미래는 지식의 시대다. 회사는 지식을 배우는 최고의 장소다. 불량률을 개선하면서, 고객을 접대하면서, 옆 부서와 팀으로 일하면서, 회의를 하면서 우리는 배울 수 있다. 또 그것이 장래 우리가 살아가는 데 큰 자산이 된다. 가장 영양가 있는 지식은 시장과 현장과 공장에 널려 있다. 우리는 그것으로부터 배울 수 있다. 그러기 위해서는 어디서든 누구에게서든 배우겠다는 열린 마음과 '이 지식이 나중에 유용할 수 있다.'라는 깨달음이 필요하다.

실패에서 얻는 배움

나는 미국에서 재료공학(고분자공학)으로 유학생활을 마치고 대기업에 취직했다. 하지만 한 회사만을 위해 내 지식과 시간을 투자하는 것에 직성이 풀리지 않았다. 좀더 폭넓게 전공 지식을 활용하여 다른 기업도 도와주고 실력도 갈고닦자는 목적으로 같이 유학을 한 친구들과 재료분야만을 전문으로 컨설팅하는 회사를 만들었다. 누님에게 돈을 빌려 공동으로 투자를 하고 사무실을 얻고 직원까지 뽑아 제법 멋지게 시작했다.

주중에는 각자 일을 하고 주말에만 컨설팅 일을 하기로 했다. 이런저런 연고로 1~2개의 프로젝트를 수주해 일을 진행했지만 엑스트라로 일하는데 좋은 성과가 날 리 없었다. 시간이 지나면서 모이는 것도 시원치 않고 프로젝트 수주도 일어나지 않았다. 6개월 만에 돈과 시간만 날리고 그 회사는 문을 닫았다.

실패로 얻은 교훈

지금도 그 일을 생각하면 부끄럽고 얼굴이 화끈거리지만 난 그 사건을 통해 두 가지 교훈을 얻게 되었다.

첫째, 시장에 대해 조금 알게 되었다. 시장은 결코 만만하고 호락호락하지 않다. 시장의 판단은 정확하다. 많은 사람이 알량한 지식과 경험을 갖고 독립하거나 회사를 차린다. 그들이 가진 지식과 상품이면 사람들이 환호할 것으로 착각한다.

시장은 그런 냄새를 맡는 데 천부적이다. 이 사람이 고수인지 아닌지는 몇 마디만 나눠보면 안다. 우리가 자랑스러워하는 대부분의 상품과 지식은 별 볼일 없다. 실무 경험도 없고 학교에서 배운 지식이 전부인 사람이 현장에서 잔뼈가 굵은 고수들을 상대하기에는 한계가 있다. 나는 실패를 통해 컨설팅은 아무나 하는 것이 아니란 사실을 절감했다.

둘째, 전력투구하지 않으면 할 수 없다는 사실을 알았다. 처음부터 모든 것이 완비된 상태로 일할 수는 없다. 다 부족한 경험과 지식으로 시작한다. 중요한 것은 그 일에 목숨을 걸고 열심히 하는 것이다. 전력투구를 하면 기회가 생긴다. 깨지면서 배우기 때문이다.

우리는 다들 직장이 있는 상태에서 주말만을 이용해 회사를 운영했다. 사무실에는 여직원 한 명만 놔둔 상태로 말이다. 이런 어정쩡한 상태로 좋은 성과가 나기를 기대했다. 참으로 순진무구했다. 대충 쉬엄쉬엄했는데 큰 성과가 났다면 그게 비정상이다. 새 밧줄을 잡기 위해서는 지금 잡고 있는 낡은 밧줄을 놓아야 한다.

실패 경험을 또 다른 지식으로

하지만 나는 그때 한 실패에 대해 후회하지 않는다. 그 실패로 인해 더 큰 실패를 방지할 수 있었고 두 번째 사업을 시작할 때 훨씬 신중할 수 있었기 때문이다.

혼다 소이치로는 "많은 사람이 은퇴하면서 자기가 아무런 실패를 하지 않은 채 직장 생활을 마감한 것에 대해 자랑스럽게 생각한다. 하지만 나는 은퇴할 때 많은 실패를 저질렀지만 언제나 더 나아지려고 노력했다고 말하고 싶다. 실패를

고수의 학습법

저지르지 않은 사람은 그저 위에서 시키는 대로 일하는 사람이다. 그런 사람은 혼다에 필요치 않다."라고 말한 바 있다.

나의 가장 큰 실패는 별다른 실패를 하지 않은 것이다. 그만큼 새로운 곳에 도전하지 않았고 안주했다는 이야기다. 무언가를 하면 실패를 하게 된다. 실패를 통해 많이 배운다. 정말 중요한 것은 교실에서 배울 수 없다. 그것은 행동하고, 실패하고, 개선해나가면서만 배울 수 있다. 바로 그때 지혜를 얻게 된다.

지식의 공유와 전달이
이루어지는 곳

도장공장에서의 성공이 내 삶에 큰 도움을 주었지만 막상 회사 안에서 그것에 대해 이야기할 기회는 거의 없었다. 상사들에게서 "한 박사 덕분에 도장공장 문제가 많이 좋아졌어요."라는 말은 들어봤다. 하지만 그들 역시 무슨 방법으로 어떻게 개선했는지에 대해서는 질문하지 않았다.

물론 그런 성공으로 진급도 빨리하고 사람들로부터 인정은 받았지만 "공장개선을 하면서 깨달은 많은 지식을 사람들에게 알려 주고 싶다"라는 아쉬움이 있었다. 불행히도 회사 내에서는 한 번도 그런 기회가 없었다. 그저 문제투성이 공장 문제가 사라진 것뿐이다. 문제 발생은 화제가 되지만 문제 해결은 화제가 되지 않는다는 사실을 확인했을 뿐이다.

지식 전달의 기쁨

하지만 외부에서 인정받을 기회가 있었다. 서울대학교 경영대학 윤석철 교수 덕분이다. 회사 관련 일로 종교인 같은 그와 인연을 맺게 되었다. 가끔 강의를 해주고, 어려운 문제에 대해 자문을 해주기도 했는데 우연한 기회에 회사 직원들이 그를 초청했고 그 자리에서 도장공장 이야기가 나왔다.

그런데 윤 교수는 공장 개선에 지대한 관심을 나타냈다. "대단한 성과군요. 어떻게 그런 성과를 내셨나요?", "중간에 어려운 점은 없었나요?", "그런 과정을 통해 무엇을 배우셨습니까?" 등 질문이 계속되었다.

그 후 학교에 초대되어 그가 손수 준비한 도시락을 같이 먹으면서 다시 이야기할 기회가 있었다. 그 자리에서 윤 교수는 "한 박사 이야기를 우리 학교 경영학 사례로 쓰고 싶은데 허락하시겠습니까?"라고 말했고 나는 물론이라고 답했다.

그도 그럴 게 허락하고 말고가 어디 있겠는가? 무엇보다 작은 성공 이야기를 누군가가 인정해준다는 사실이 기뻤다. 지식을 공유할 수 있게 되어 보람이 있었다.

지식의 공유

증권가에서 대우증권은 경쟁력이 강하기로 유명했다. 그곳 출신들은 도처에서 활발히 활동하고 있다. 모(母)그룹이 힘들 어지면서 어려움이 있었지만 업계에서 막강한 영향력을 행 사하고 있다. 그 회사 출신에게 왜 대우 출신들이 강한지 질 문했다. 그는 다음과 같이 말했다.

"저희 회사는 사내에 수많은 스터디 그룹이 있습니다. 경 제동향, 신상품, 신기술에 대해 공부를 하는 것이지요. 그런 과정을 통해 스스로 학습하고 지식을 공유합니다. 누가 강제 로 시키는 것이 아닙니다. 직원 중 수익률이 좋은 직원이 있 으면 그 사람의 성공 스토리를 꼭 공유하게 합니다. 성공의 요인이 뭔지, 힘든 점은 없는지 질문을 하지요. 발표하는 사 람도 기쁜 마음으로 하구요. 그렇다고 별도의 인센티브가 있 는 것은 아닙니다. 그저 개인의 성공을 개인의 스토리로 남 기지 말고 조직의 힘으로 승화시키자는 것이지요. 그런 과 정을 통해 사람들이 업그레이드되고 지식적으로 막강해지는 것 같습니다. 보람도 느끼고요. 그러한 것들이 개인도 강하 게 하고 팀워크로 연결되는 것 같습니다."

베스트 프랙티스(best practice)는 좋은 학습 방법이다. 예를 들 어, 매니저의 역할이 무엇인지에 대해서도 이런 방법을 사용하면 효과적으로 배울 수 있다. 최악의 매니저, 최선의 매니저에 대해 나름 정의한 후 그동안의 성공 경험과 실패 경험을 이야기하고 공유하게 하는 것이다. 품질문제도 그렇고 프로젝트 관리 문제도 그렇다. 지식은 공유할 때 더 다듬어진다. 그 과정을 통해 동료애도 생기고 자신도 업그레이드된다.

지식이란 무엇인가? 지식은 공유할 수 있는가? 우리는 어디에서 어떤 방법으로 배우는가? 가장 좋은 배움의 장소는 바로 직장이고 일터다. 우리는 상사, 동료, 부하로부터 가장 많은 것을 배울 수 있다. 지식은 공유하면 두 배로 커진다. 가르치는 것이 가장 빨리 배우는 길이기 때문이다. 혼자 간직하고 있는 지식은 음식처럼 상하기 쉽지만 공유하는 과정이 있다면 지식은 두 배가 되고 그 과정을 통해 서로 성장한다.

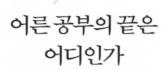

어른 공부의 끝은
어디인가

어느새 60대가 되었다. 50대와 60대는 느낌이 확 다르다. 50이란 숫자에서는 중년이고 나이는 들었지만 아직은 현역이란 느낌이 난다. 60이란 숫자에서는 은퇴, 노인이란 기분을 지울 수 없다. 그래서 주변 사람들은 날 측은하게 보지만 내 생각은 다르다.

난 지금 내 나이가 좋다. 젊은 시절로 돌아가고 싶은 생각은 추호도 없다. 난 오히려 젊은이들이 측은하다. 우리 때보다 공부하는 것이 만만치 않다. 취직하는 것도 하늘의 별 따기다. 취업을 해도 돈 모으기가 쉽지 않다. 평생 벌어도 아파트 한 채 사기 힘들다. 하지만 난 지금의 행복이 젊은 시절의 땀과 노력이 뒷받침되었다는 사실을 알고 있다.

나를 알고 내 인생을 사는 것

나이가 든다고 갑자기 삶의 질이 올라가는 것은 아니다. 나이를 먹었다고 갑자기 지혜가 생기고 깨달음이 주어지는 것도 아니다. 사실 삶이란 과정 자체가 배움이고 수련의 연속이다. 나이 들어 잘 살기 위해서는 지금부터 어떻게 사는 것이 잘 사는 것인지를 정의하고 생각해야 한다. 준비를 하고 좋은 습관을 만들어야 한다. 지인들과 좋은 관계를 유지하는 훈련을 해야 한다.

인생에 정답은 없다. 어떻게 사는 것이 잘 사는 것인지에 대한 답은 없다. 그런데 삶의 품질을 높이기 위해서는 내가 어떤 사람인지를 알고 거기에 맞춘 삶을 살아야 한다. 인생 최고의 비극은 자기 인생이 아닌 남을 위한 인생을 사는 것이다. 자신이 하고 싶은 일은 놔두고 부모님이 원하는 일, 배우자가 바라는 일, 먹고살기 위한 일에 모든 시간을 쓰는 인생이다.

물론 이를 위해서는 일정 시간이 필요하다. 대기업 임원을 그만둘 때까지 난 그런 생각을 하지 못했다. 그런데 대기업을 그만둘 시점에 내가 어떤 사람인지, 어떤 일을 하고 싶은 지에 대해 깊이 생각하고 새로운 직업에 도전했다. 내가 가장 잘한 선택이다. 나중에 생각하니 난 조직에 맞지 않는 사람이었다. 성격이 급하고 틀에 짜인 생활을 못견뎌했다. 내게는 자유가 가장 소중한 가치였던 것이다. 행복한 인생이란 내가 주인인 인생이다. 즉 내 성향을 알고 성향에 맞는 일을 하는 삶이다.

내가 가장 행복할 때

당신이 생각하는 멋진 삶은 어떤 삶인가? 일 년 내내 여행을 하고, 골프를 치고, 맛난 음식을 먹으며 유유자적하는 삶을 연상하는가? 난 동의하지 않는다. 내가 생각하는 행복한 삶이란 일이 있는 삶이다. 아침에 일어나 할 일이 없는 삶은 생각만 해도 끔찍하다. 노는 것도 일 하는 틈틈이 놀아야 맛이 난다. 일 년 365일 논다고 하면 그건 휴식이 아니라 그 자체로 고문일 것이다.

난 내 일을 좋아하고 사랑한다. 난 책을 쓰는 사람이다. 일 년에 3~4권의 책을 낸다. 난 강연하는 사람이다. 한 달에 반 이상은 다양한 주제로 기업 강연을 한다. 난 컨설턴트다. 여러 기업을 자문하고 컨설팅한다. 난 코치다. 대기업 임원, 중

고수의 학습법

소기업 사장을 대상으로 코칭을 한다. 일에서 느끼는 자부심만큼 좋은 것은 없다. 난 일을 할 때 깊은 충만함을 느낀다.

무엇보다 난 공부할 때 가장 큰 행복감을 느낀다. 예전엔 그렇지 않았다. 이전의 공부는 내가 원해서 하는 공부가 아니었다. 대학을 가기 위한 공부, 시험을 위한 공부, 자격증을 따기 위한 공부였다. 대부분 생계와 직결된 공부였다. 지금은 아니다. 아무도 시키지 않는다. 내가 안 하면 그만이다. 하지만 내가 진정으로 원해서 즐겁게 공부한다.

공부의 주제는 끊이지 않는다

공부의 주제는 그때그때 달라지는데 최근 나의 공부 주제는 세 가지다. 몸, 불교, 어원이 그것이다.

나이가 들면 자연스럽게 몸에 대해 관심을 가질 수밖에 없다. 여기저기 고장 나기 시작하는 나이이기 때문이다. 몸에 이상이 온다는 것은 지금부터라도 관심을 가지라는 시그널이다. 이 시그널을 읽고 몸에 대해 공부했다. 공부한 바를 실천하기 위해 헬스를 열심히 했고 그 결과 몸을 변화시키는 데 성공했다. 그 과정을 《몸이 먼저다》란 책에 담았고 그 책은 베스트셀러가 되었다. 그 과정에서 깊은 충만감을 느꼈다.

몸이 좋아지면서 드는 만족감은 말로 표현하기 어렵다.

힘든 근육 운동을 하고 샤워를 한 후 걸을 때에는 세상을 다 얻은 것만 같이 뿌듯하다. 머리로만 알고 있던 지식을 내 몸에 적용해 변화를 이끌어내고 그 과정을 책으로 쓰는 것은 보람이 있었다. 이 책을 읽고 많은 사람이 운동을 시작했고 고맙다는 인사를 전했고, 이 주제로 강연도 했다. 그럼으로써 많은 사람이 더욱 몸에 관심을 갖게 되었으니 나로서는 이 또한 보람 있는 일이다.

다음은 불교다. 난 불교신자는 아니다. 그런데 나이가 들면서 자연스럽게 불교 교리에 관심을 갖게 되었다. 주변에 불교로 박사학위를 받은 사람이 있어 2주에 한 번씩 대여섯 명이 관련 책을 읽고 토론을 했다. 새로운 지식을 알게 되는 것도 기쁜 일이지만 그동안 각자의 경험을 공유하는 일도 기쁜 일이다.

마지막은 어원이다. 우연한 기회에 어원에 관심을 갖게 되었다. 영어학원 원장을 하는 부부와 식사를 하는데 갑자기 'problem'의 어원을 물어보는 것이다. 당연히 몰라서 되물어보니 '앞으로 던지다'가 어원이란다. 문제는 앞으로 던져야 해결이 되기 때문이란 것이다. 갑자기 앞이 훤해졌다. 어원을 알면 수많은 지혜를 얻을 수 있을 것이란 생각이 들었다. 그때부터 관련 책을 사고, 기회 있을 때마다 사람들에게 어

고수의 학습법

원에 대해 묻고 이를 엮어 《한근태의 재정의사전》이란 책을 냈다. 공부하고, 실천하고, 그 결과를 책으로 엮고 있는데 뭔가 선순환이 되는 것 같아 흐뭇하다.

당신의 불행은 언젠가 잘못 쓴 시간의 복수다. 인생을 잘못 산다는 것은 엉뚱한 곳에 시간을 낭비하는 것을 말한다. 그런 면에서 시간은 목숨과 같다. 나이가 들면 가장 좋은 점이 시간이 많아진다는 것이다. 회사를 나가지 않아도 되고, 애를 볼 필요도 없고, 자격증을 따기 위해 애를 쓰지 않아도 된다. 자칫하면 지루한 인생이 되기 십상이다.

차고 넘치는 시간을 환상적으로 바꾸는 최선의 방법은 공부다. 먹고살기 위한 공부가 아니라 관심이 가는 분야를 잡아 책을 읽고, 경험하고, 글을 써보는 것이다. 공통 관심사를 가진 사람들과 수시로 만나 서로 배운 것 생각하는 것을 나눠보는 것이다. 그러다 보면 실력도 늘고 시야도 넓어지고 사람들과의 친밀감도 깊어진다.

누구나 부자가 될 수는 없다. 모든 사람이 건강할 수도 없다. 하지만 공부는 원하면 누구나 할 수 있다. 글은 마음만 먹으면 누구라도 쓸 수 있다. 난 그래서 지금의 내가 참 좋다.

나는 글 쓰는
지식주의자

나는 42세가 될 때까지 글을 써 본 기억이 없다. 기껏해야 학위를 위한 논문, 짧게 적는 일기가 내가 쓴 글의 전부였다. 하지만 지금은 글을 쓰는 것이 주업이 되었다. 만약 이런 내 재능을 알지 못한 채 죽었다면 얼마나 억울했을까?

내가 글을 쓰게 된 계기는 우연에서 비롯되었다. 대기업 임원 시절에 사보에 실을 글을 써달라는 요청을 받았는데 그것이 출발점이었다.

고수의 학습법

새로운 주제로 글을 쓰며 두뇌를 자극하다

매일 비슷한 일을 비슷한 방법으로 하는 사람의 뇌는 점차 줄어들게 되어 있다. 우리 인간은 새로운 일에 도전할 때, 같은 일을 다른 방법으로 시도할 때 뇌도 활성화되고 에너지도 나온다. 피터 드러커는 2년마다 새로운 분야에 도전했고 그것이 그를 세계적인 거장으로 만들었다.

가만히 있으면 자신의 능력을 알 수 없다. 새로운 곳에 도전할 때 비로소 우리는 자신의 참 모습을 볼 수 있다. 도전은 두뇌를 깨우는 최선의 방법이다. 유엔 사무총장을 지낸 코피 아난은 "사람들은 도전에 직면해서야 비로소 자신이 가지고 있는 잠재력을 발견하게 된다. 자신의 능력을 발휘해야 할 필요가 있을 때까지는 사람들은 절대 자신의 잠재력을 알지 못한다."라고 했다.

세계적인 땅콩 생산지 미국의 알라바마주 엔터프라이즈라는 소도시 재판소 앞에는 이상한 비석이 세워져 있다. 이 돌에는 "우리는 목화를 갉아 먹었던 벌레에게 깊은 감사를 표한다. 이 벌레는 우리에게 번영의 계기를 주었고 하면 된다는 신념을 주었다. 목화 벌레들이여, 다시 한 번 그대들의 노고에 감사한다."라고 쓰여 있다.

본래 이곳은 목화가 주요 생산품이었다. 하지만 1895년

목화 벌레 떼의 극성으로 기근과 실직의 아픔을 겪게 되었다. 주민들은 이 재앙을 이기기 위해 콩, 감자, 옥수수를 서둘러 재배함으로써 오늘날 세계적인 땅콩 생산지로 발돋움하게 되었다. 이처럼 위기는 새로운 삶의 장르를 연다.

나 역시 비슷한 경험을 했다. 공학박사까지 받고 경영컨설턴트로 경력을 바꾼 것이다. 갑작스런 해고 때문이다. 당시는 눈앞이 캄캄했다. 그동안 다른 삶을 생각조차 해본 적이 없었기 때문이다. 하지만 위기를 맞은 덕분에 새로운 변화를 도모할 수 있었고 컨설턴트로서 성공할 수 있었다.

빅토르 위고는 "진보를 위해서는 항상 위급한 상황이 필요했다. 램프를 만든 것은 어둠이었고, 나침반을 만들어낸 것은 안개였고, 탐험을 하게 만든 것은 배고픔이었다. 그리고 일의 진정한 가치를 깨닫기 위해서는 의기소침한 나날들이 필요했다."라고 했다. 누구나 위기를 싫어한다. 하지만 위기 덕분에 우리는 평소 생각할 수 없던 일을 할 수 있다. 위기는 두뇌를 깨우는 최고의 기회가 될 수 있다.

열정은 어른 공부의 원동력이다

골프 선수 리 트레비노는 자신의 일을 정말 사랑한 사람이다. 그는 늘 "나는 골프장에 나가기 싫었던 적이 한 번도 없습니다. 아마 나는 경기 중 골프장에서 죽을 것입니다. 그땐 나를 벙커에 던지고 모래로 살짝 덮기만 하면 됩니다."라고 말했다. 만일 이렇게 자기 일을 좋아할 수 있다면 그 사람은 결코 실패하지 않을 것이다.

학력과 지적 능력보다 열정이 중요하다. 일류대학을 나와 박사학위를 가진 나른한 사람보다는 삼류대학을 나온 열정 넘치는 사람이 성공할 확률이 높다. 지식은 주입이 가능하지만 열정은 주입하기가 힘들다. 열정은 내면에서 나오는 힘이다. 열정은 열망과 확신으로 이루어진다. 머리 좋은 사람이 실패하는 주된 이유는 열정이 없기 때문이다.

잠자는 두뇌를 깨우기 위해서는 무엇보다 열정이 필요하다. 열정 없이 뭔가를 해내겠다는 것은 말이 되지 않는 소리다. 마지못해하면서, 터벅터벅 걸으면서 성공하는 사람은 없다. '이 일이 정말 좋다.', '마음이 끌린다.'라며 눈에서 스파크가 튈 때 한 단계 업그레이드될 수 있다.

큰 성과를 낸 사람들의 공통점은 무언가에 미쳐 있다는 것이다. 그 일이 잘될 것이라는 믿음을 갖고 거기에 열정을 바치는 사람들이다. 오라클 CEO 래리 앨리슨(Larry Ellison)은 할리 데이비슨을 타고 튀는 행동을 많이 하는 사람으로 유명하다. 그는 늘 "모든 사람이 미쳤다고 하는 그곳이 바로 우리가 있어야 할 자리다."라고 주장한다. 미치지 않으면 할 수 없다는 불광불급(不狂不及)도 같은 개념이다.

어른 공부와 독서

자수성가한 백만장자들은 일반인보다 독서량이 4배나 많은 '독서 장애'를 가지고 있다. 중개수수료의 파격적 할인 시스템을 만든 챨스 슈압, 음반 및 항공산업을 뒤흔들어놓은 리처드 브랜스는 모두 독서 장애가 있다. 이러한 장애 때문에 그들은 큰 그림을 보는 능력이 더 발달했다. 세부적인 내용을 분석하는 데 어려움을 겪는 반면, 그들은 패턴을 좀더 잘 인식할 수 있었던 것이다.

두뇌는 자극을 필요로 한다. 자극이 없다면 매일이 그렇고 그런 날이 될 것이다. 투자 대비 효과가 가장 좋은 자극의 수단은 바로 독서다. 성공한 사람 대부분은 책을 가까이 했다.

빌 게이츠는 어린 시절부터 책 벌레였고, 책이 오늘날의 그를 만들었다고 고백한다. 그는 일년에 몇 번씩 생각 주간(thinking week)을 정해 어디론가 잠적한다. 혼자만의 생각을 정리하기 위해서다. 그때 가져가는 것은 책과 보고서뿐이다. 영화계의 총아 스티븐 스필버그, 삼성의 이병철 회장 등도 대단한 독서광이다. 책과 상관없을 것 같은 거스 히딩크 감독 역시 독서광이다. 그는 소설과 역사책을 무척 즐기는 사람이다. 대표팀을 이끌고 유럽전지 훈련에 나섰을 당시 코치들은 책만 잔뜩 들어 있는 히딩크의 가방을 보고 놀랐다고 고백한다. 월드컵 직전에도 스포츠심리학 관련 서적을 집중적으로 읽으며 치밀하게 준비했다고 한다.

책은 모든 지식과 경험과 사례가 들어 있는 창고다. 거기에는 우리와 같은 고민을 하고 그 문제를 해결한 사람들의 이야기가 실려 있다. 무슨 생각을 하면서 어떻게 살아야 하는지에 대한 답도 들어 있다. 지혜뿐 아니라 위로도 받을 수 있는 것이 바로 책이다. 책을 읽는다는 것은 마음속에 지혜의 씨앗을 뿌리는 것과 같다. 우연히 읽은 격언 하나가 내 삶을 바꿀 수도 있고, 책에서 들은 사례로 회사를 다시 일으켜 세울 수도 있다. 책에서 배운 지식으로 자식도 올바르게 이끌 수 있다.

지식주의자의 운동

두뇌를 깨우기 위해서 운동은 필수적이다. 지식노동자일수록 운동에 목숨을 걸어야 한다. 최고의 자리에 오른 사람들은 운동을 통해 건강과 몸매를 유지한다. 운동은 몸을 건강하게 만들 뿐 아니라 정신도 건강하게 만든다. 그래서 성공한 사람은 대부분 나이에 비해 젊고 활기가 있어 보인다.

매일 책을 보고, 회의를 하고, 움직이지 않는 지식노동자에게 최고의 재충전은 바로 몸을 움직이는 것이다. 산책을 하거나 격렬한 운동을 하거나 밭을 맨다.

장 자크는 "나는 걸을 때만 명상에 잠길 수 있다. 걸음을 멈추면 생각도 멈춘다. 내 마음은 언제나 다리와 함께 작동한다."라고 했고, 간디는 "아무리 일이 많아도 항상 운동할 시간을 가져야 한다. 나는 운동이 일할 시간을 축 내는 부정적인 역할이 아니고, 오히려 일의 능률을 향상시키는 긍정적인 역할을 한다고 믿는다."라고 했다. 운동은 단순히 땀을 흘리는데 그치지 않는다. 운동은 최상의 명상도구이기도 하다. 운동을 하다 보면 쓸데없는 생각이 사라지고 생각의 엑기스만 남는 것을 느낄 수 있다.

삶의 가장 큰 기쁨 중 하나는 내 안에 잠재해 있는 재능을 발견하는 일이다. 이를 활용해 자신을 업그레이드하고 세상에 기여하는 일이다. 이를 위해서는 매일 잠자는 두뇌를 깨우기 위해 노력해야 한다.

고수의 학습법

어른은 왜
오늘도 공부를 하는가

● 사이토 다카시, 《내가 공부하는 이유》 요약 노트

대학 졸업 때까지만 혹은 학위취득 때까지만 공부하고 이후는 완전히 공부와 담을 쌓고 사는 사람과 별로 배운 건 없지만 평생 책을 손에서 놓지 않고 공부하는 사람이 있다면 둘 중 누가 성공가능성이 높을까? 당연히 후자다.

사람들은 공부하지 않으면서 무언가 멋진 성과를 기대한다. 이는 마치 야구선수가 아무 훈련 없이 계속 3할 대 타자가 되려는 것과 같다. 주변에 50세도 되기 전에 회사를 잘린 사람들이 흔하다. 아직은 잘리지 않았어도 조만간 그만두어야 하고 이 문제로 고민하는 사람이 많다. 이런 문제는 국가와 기업이 해결할 수 있는 문제가 아니다. 개인이 해결해야 할 문제이고 해법은 '끊임없는 공부'다. 이와 관련하여 사이토 다카시의 《내가 공부하는 이유》를 소개한다.

사람들은 학교 문을 나서는 순간, 공부와는 담을 쌓는다. 별 재미도 없고 효용성도 없는 공부에 넌덜머리가 나기 때문이다. 누군가 공부하는지 안 하는지 평가하지도 않고 몇 년 책을 읽지 않는다고 표가 나는 것도 아니기 때문이다. 하지만 공부하는 사람과 공부하지 않는 사람 사이에는 건널 수 없는 강이 존재한다. 이미 그것이 겉으로 드러날 때쯤이면 어떻게 해볼 도리가 없다.

공부란 자신의 고정관념을 계속 깨뜨려가는 것이다. 내가 알고 있는 것이 틀릴 수 있다는 사실을 알아가는 것이다. 세상에는 내가 아는 것보다 모르는 것이 훨씬 많기 때문에 함부로 자기주장을 펼치는 것이 위험하단 사실을 인지하는 것이다. 그렇기 때문에 공부를 하면 유연해지고 공부를 하지 않으면 자기가 아는 세계가 전부라고 착각하게 된다.

최고의 자리에 오르기 위해서는 공부를 해야 한다. 플라시도 도밍고는 역사상 가장 위대한 가수의 반열에 오른 사람이다. 1991년 베르디 오페라 오셀로를 공연했을 당시 80분 동안 관객의 박수를 받는 기록을 세우기도 했다. 모차르트, 베르디, 바그너 등 영역에 제한을 두지 않고 끊임없이 도전해 111개의 배역을 맡았고 100개가 넘는 오페라를 녹음했다. 그렇게 많은 배역의 노래를 어떻게 외우느냐는 질문에 그는 "너무 많은 역할과 나라를 넘나들며 공연해야 하므로 늘 공부를 합니다. 비행기 안에서도 악보를 읽으며 공부하고 휴가 중에도 악보를 펼쳐놓지요. 공연 시작직전까지도 문제점을 고쳐 더 좋은 노래를 하려고 합니다."라고 답했다. 어느 분야건 최고의 자리에 오른 사람은 자신의 재능이나 위치에 만족하지 않고 끊임없이 공부했다는 공통점이 있다.

공부를 하면 늙지 않는다. 사람들은 호기심을 잃는 순간 늙기 시작한다. 세상을 다 아는 것처럼 착각하고 그날을 그날처럼 낭비할 때 늙는다. 은퇴한 사람들은 나를 원하는 곳이 없어졌다는 생각에 쓸쓸해한다. 부자나 가난한 사람이나 돈이 있는 사람이나 없는 사람이나 마찬가지다. 이 위기를 극복하는 유일한 방법이 바로 배움이다.

배움의 기쁨은 삶을 충만하게 해준다. 공부하는 사람과 그렇지 않는 사람은 눈빛이 다르다. 배우는 즐거움을 아는 사람의 눈빛은 늘 빛난다. 허무함이나 고독은 찾아볼 수 없다. 배움에 설레는 사람은 빛이 나게 마련이다.

그런 의미에서 나이 들어 하는 공부가 진짜 공부다. 시민대학과 노인대학을 보라. 그들은 매일 새로운 걸 배우니 너무 좋다는 이야기를 한다. 그동안 겪은 삶의 지혜가 공부와 합쳐져 공부의 내용이 더욱 풍성해진다. 죽음이 가까워지고 인생이란 무엇인지 고민하기 시작하는 시점에서 철학이나 불교 공부를 한다면 어떨까? 내 고민과 연결된 걸 절절하게 느낄 수 있다. 중년 이후의 삶과 죽음, 행복, 삶의 의미 같은 인문학은 궁합이 잘 맞는다. 소년의 배움은 해 뜰 때의 별빛과 같고, 장년의 배움은 한낮의 햇빛과 같고, 노년의 배움은 어둠 속의 밝음과 같다. 노년의 공부는 어둠 속에 빛나는 촛불과 같은 존재다.

공부하면 외롭지 않다. 사람들은 스마트폰에 목숨을 걸고 있다. 혼자 있는 시간을 견디지 못하기 때문이다. 뭔가 소외당하는 걸 참지 못하기 때문이다. 공부는 책을 펼치는 순간부터 마치는 순간까지 혼자 몰입하는 고독한 작업이다. 충실한 고독이다. 함께할 수도 있지만 결국 혼자 힘으로 하는 것이 공부다. 공부에 몰입하는 동안은 외로움을 느낄 수 없다. 배움이 주는 즐거움에 빠지게 된다. 공부하는 삶을 살면 조용히 혼자 있는 시간을 기다리게 된다. 공부는 최소의 비용으로 최대의 만족감을 느낄 수 있다.

공부를 하면 희망이 생긴다. 공부는 하면 할수록 더 알고 싶다는 의욕과 할 수 있다는 자신감이 솟는다. 성취감과 희열을 느낄 수 있다. 공부하는 사람은 인생을 함부로 내버려두지 않는다. 1995년 미국 작가 얼 쇼리스는 빈곤에 대한 책을 쓰기 위해 죄수를 인터뷰했다. 그들에게 왜 가난한 것 같느냐는 질문을 했더니 "잘나가는 사람들이 누리는 정신적 삶

고수의 학습법

이 없기 때문이다."라는 답을 들었다. 극장, 연주회, 박물관, 강연 같은 것이 그것이다. 이 말에 충격을 받은 그는 노숙자, 매춘부, 범죄자 같은 사람들에게 인문학을 가르치는 클레멘트 코스를 만들어 플라톤과 아리스토텔레스를 공부하기 시작했다. 처음 1년 코스가 끝났을 때 31명 중 17명이 수료증을 받았다. 2명은 치과의사가 되었고, 전과자였던 여성은 약물중독자 재활센터 상담실장이 되었다. 공부가 희망인 것이다.

공부를 하면 유연해진다. 공부를 하지 않으면 고집불통이 된다. 다른 세상을 본 적이 없기 때문에 자기 생각이 옳고 최고인 걸로 착각하게 된다. 세상을 이해하는 폭이 좁아진다. 전방위적으로 살펴보고 종합적으로 이해를 해야 하는데 그것이 불가능하다. 현대사회는 너무 복잡해지는 한편 분절화되었기 때문에 전체를 읽어내는 눈이 없다면 세상을 자기 관점으로만 보고 판단하는 실수를 저지를 수 있다.

세계관이 하나인 사람은 세상을 하나의 방향으로만 이해한다. 자신과 조금만 달라도 전혀 이해하지 못하거나 받아들이지 않으려 한다. 극단적 우익이나 좌익성향을 가진 사람들이 주변 사람을 불편하게 만든 것도 이 때문이다. 자신만의 우물 속에 갇혀 있으면 그 속에서 외롭게 죽을 수도 있다.

공부를 많이 하면 삶이 풍요로워진다. 다양한 나무가 자라고 있는 숲과 같다. 다른 사람을 이해하려 하고 받아들이게 된다. 자연스럽게 유연해진다.

그렇다면 어떤 공부를 해야 할까? 호흡이 깊어지는 공부를 해야 한다. 일단 학교를 졸업하고 사회에 나오면 도통 공부를 하지 않는다. 급한 일에 매달릴수록 삶의 호흡은 얕아질 수밖에 없다. 가쁜 호흡이 심장을 자극해 호흡 곤란을 일으키는 것처럼 삶의 호흡이 얕은 사람은 작은 스트레스에도 인생이 끝나는 것처럼 힘들어한다.

호흡이 얕은 공부는 일정 목표를 달성하면 끝이 나는 공부다. 토익 900점 넘기기, 업무 관련 자격증 따기 등이다. 이는 능력의 증거이고 이런 공부에는 한계가 있다. 가시적 성과는 낼 수 있지만 생각의 힘을 키워주고 세상을 꿰뚫어보는 안목을 주지는 않는다. 자기계발의 한계점이다. 지금까지 공부와는 다른 공부를 해야 한다.

호흡이 긴 공부란 문학, 철학, 사학, 물리학, 음악, 미술 등 순수학문에 대한 공부를 말한다. 이것을 업으로 하는 사람들처럼 많은 시간을 들이라는 건 아니다. 무언가를 이루기 위한 수단으로써의 공부가 아니라 공부 그 자체가 목적인 공부를 하라는 것이다. 이 공부는 우리의 지식을 풍부하게 해주고 생각하는 법을 길러주며 나아가 어떻게 인생을 살 것인지 고민할 수 있게 해준다.

사람에게는 호흡이 깊어지는 공부, 내 마음과 머리를 자극하고 성장하게 하는 공부에 대한 갈증이 있다. 그 갈증을 어떻게 채우느냐에 따라 인생의 방향이 달라진다. 이를 위해서는 스스로 공부 방향과 목표를 정해야 한다. 이렇게 알아서 하는 공부가 진짜 공부다. 어른이 된 후의 공부는 틀이 없다. 객관적이고 측정 가능한 공부법도 없다. 누가 공부를 많이 하는지 안 하는 지 구분하기 애매모호하다. 하지만 일단 지식이 축적된 이후에는 따라잡기 힘들 수 있다. 내가 무식하다는 생각이 들었을 때는 이미 늦을 수도 있다.

세상에 쓸모없는 공부란 없다. 공부한 결과가 지금 당장 눈에 보이지 않는 것 같아도 공부한 것은 절대 사라지지 않는다. 공부는 나무의 나이테처럼 내 안에 각인되어 필요할 때 전혀 새로운 형태로 다시 나타나 뜻밖의 성과를 가져다준다. 그 깨달음이 평생 공부할 수 있게 하는 원동력이다. 공부는 운동과 같다. 몰아서 한꺼번에 확 해치우는 것보다 조금씩이라도 꾸준히 하는 것이 핵심이다. 책을 읽고 글을 쓰고 무언가를 찾아 공부하는 것이 밥을 먹고 잠을 자는 것처럼 일상이 되어야 한다. 완전 몸에 배어야 한다.

이를 위해서는 인생을 이끌어줄 책을 찾아야 한다. 일본 기업의 아버지로 존경받고 있는 시부사와 에이치는 평생 논어를 끼고 살았다. 논어를 실제 생활에서 구현하기 위해 애썼다. 그는 에도 막부 말기인 1840년 태어나 1931년 죽을 때까지 메이지, 다이쇼, 쇼와 시대를 살면서 일본 자본주의의 기반을 닦은 인물이다. 일찍 서양에 가서 그들의 국가와 산업제도를 직접 눈으로 살피고 이런 경험을 바탕으로 일본의 조세, 은행, 금융제도를 개혁했다. 제일국립은행, 도쿄증권거래소, 태평양시멘트, 기린맥주 등을 설립하고 운영했다. 피터 드러커가 "기업의 목적이 부의 창출일 뿐 아니라 사회적 기여라는 것을 일본의 시부사와 에이치에게 배웠다."라고 격찬한 인물이다.

그는 항상 논어를 옆에 두고 인생의 답을 찾았다. 당시 상공업은 매우 천한 것이며 논어 같은 학문을 공부하는 사람은 상공업에 관심이 없었다. 상인들은 자기 이익을 위해서라면 어떤 짓도 했다. 그는 한손에는 주판을 다른 손에는 논어를 들었다. 그는 이를 바탕으로 《논어와 주판》이란 책을 써서 공자의 사상을 지침으로 인재를 발탁하고 기업을 운영하는 것이 어떤 것인지를 구체적으로 알려주었다. 그가 존경을 받고 있는 것은 바로 논어를 실생활에서 실현하려고 노력했기 때문이다. 책을 읽고 이를 실천한다면 위기의 순간, 유혹의 순간에 행동이 달라질 것이다. 논어라는 책을 가까이 하지 않았다면 시부사와 에이치도 다른 기업가들과 별반 다르지 않았을 것이다. 그는 다섯 명의 선생에게 논어를 배웠을 정도로 열정적이었다.

공부의 귀재는 공자다. 그는 늘 '나처럼 배우기 좋아하는 사람은 없을 것'이라고 말했다. 공자의 세 가지 공부 원칙이 있다. 첫째, 스스로 공부하는 것이다. 배고프지 않은 사람에게 억지로 밥을 먹여줄 수는 없다. 배가 고프면 알아서 먹는다. 스스로 분발하지 않으면 알려주지 않고, 스스로 답답해하지 않으면 말해주지 않는다. 깨닫기 위해서는 스스로 공부에 대한 갈증이 있어야 하는 것이다. 둘째, 정답을 찾으려 하지 말고 자신만의 답을 찾아야 한다. 공자는 질문한 사람에 따라 다른 답을 주었다. 인(仁)에 대한 답이 그렇다. 어떤 이에게는 남보다 먼저 어려운 일을 하고, 얻는 것은 남보다 나중에 하는 것이 인이라 했고, 어떤 이에게는 평소 행동을 공손히 하고, 맡은 일을 정성껏 하며, 사람과 사귈 때 진실한 마음으로 대하는 것이 인이라 했다. 또 어떤 이에게는 사람을 사랑하는 것을 인이라고도 했다. 셋째, 모르는 것을 부끄러워하지 말아야 한다. 이른바 불치하문이다. 아랫사람에게조

차 물어보는 걸 부끄러워하지 말라는 것이다. 죽으면 어떻게 되느냐는 자로의 질문에 "삶을 알지 못하는데 어떻게 죽음에 대해 알 수 있겠냐."라고 답했다. 자신이 알지 못하는 것에 대해서는 아는 척하지 않았다.

소크라테스의 공부법도 참고할 만하다. 소크라테스는 누군가를 가르친 적이 없다. 생각하는 법만을 가르쳤다. 질문을 던져 스스로 생각하게 했다. 유대인 600만 명을 학살하도록 지휘한 아돌프 아이히만은 자신은 단지 명령에 따른 것뿐이라고 억울해했다. 그의 잘못은 생각하지 않은 것이다. 자신에게 주어진 명령이 어떤 의미인지, 무고한 유대인을 단지 명령이란 이유로 무조건 죽이는 것이 옳은지 생각하지 않은 게 죄다. 우리들은 생각하며 살고 있을까? 소크라테스는 질문하는 사람이다. 상대의 주장을 확인하고, 논리적 틈새를 파고드는 질문을 던진다. 계속 질문하다 보면 '그래서 결론은 뭐지?'라는 생각에 도달한다. 해답을 찾는 게 중요한 게 아니라 진리를 추구하는 과정 그 자체가 중요하다는 것이다. 찾든 못 찾든 이렇게 저렇게 생각하다 보면 생각하는 힘이 길러진다.

무엇보다 공부의 핵심은 독서다. 책은 모든 공부의 시작이다. 책을 통하지 않고 공부하는 건 상상하기 어렵다. 빌 게이

츠는 매일 1시간, 주말에는 3~4시간을 도서관에서 보낸다. 자본론을 쓴 마르크스는 영국에 망명 후 30여 년 동안 하루도 거르지 않고 대영박물관 도서관을 찾았고 오전 10시부터 문을 닫는 오후 6시까지 자신의 지정석 G-8에 앉아 연구를 하고 책을 썼다. 자본론은 여기서 탄생했다. 하지만 대부분의 사람은 책 읽기에 재미를 붙이지 못한다.

독서가 재미없고 딱딱하게 느껴지는 것은 자신과의 연결점을 못 찾았기 때문이다. 자신과 관계를 생각하면서 책을 읽어보라. 나와 관계있는 부분, 흥미를 유발하는 부분부터 찾아 읽는 것이다. 책을 읽은 후 인용노트를 사용하는 것도 방법이다. 책을 읽은 후 가장 좋았던 부분, 인상 깊었던 부분을 발췌해 노트에 쓰고 나의 경험 생각과 연결 지어 글을 쓰는 것도 효과적인 방법이다. 무엇보다 자기 마음을 대변해주는 책을 만나는 것이 관건이다.

《내가 공부하는 이유》를 읽고 공부가 생활이 되길 권한다. 촌음을 아껴 책을 읽고 이를 실천하면서 자신을 갈고 닦기를 권한다. 무언가를 위한 공부가 아닌 공부 그 자체에서 즐거움을 느끼는 생활을 기대한다.

벼락치기한 지식은
눈 깜짝할 새 잊힌다

헨리 뢰디거, 《어떻게 공부할 것인가》 요약 노트

사람들이 점점 책을 읽지 않는다. 왜 그럴까? 이유 중 하나는 책 읽는 방법을 모르기 때문이다. 책을 제대로 읽지 않으면 투자 대비 효과가 없다. 효과가 없으면 변화가 일어나지 않을 테고 그러면 점점 책을 멀리하게 될 것이다. 그렇다면 책을 제대로 읽는 방법을 알면 된다.

공부도 그렇다. 예나 지금이나 공부의 중요성을 모르는 사람은 없다. 그렇지만 대부분의 사람은 공부에 재미를 느끼지 못한다. 방법을 모른 상태에서 공부를 하니 효과가 없고 그러니 재미가 없고 변화가 없는 것이다.

《어떻게 공부할 것인가》는 공부법에 대한 책이다. 11명의 학자가 10년간 수행한 '교육현장 개선을 위한 인지심리학의 응용' 연구를 집대성한 결과물이다. 쉽게 배운 지식은 쉽게 사라진다. 어렵고 힘들게 배운 공부는 오래간다. 아픈 만큼 성숙한다는 것이 공부법의 핵심이다. 한마디로 'No pain, no gain'이다. 벼락치기로 배운 지식은 벼락처럼 빠져나간다.

　우리가 직관적으로 생각하는 학습방법 중에는 잘못된 것이 많다. 반복해서 읽기, 집중적으로 연습하기 같은 방법이 그렇다. 이 방법은 생각처럼 효과적이지 않다. 뭔가를 배우려면 한 가지만을 집중해서 연습하고 또 연습해야 한다고 생각하지만 사실은 그렇지 않다. 반복해서 읽고 몰아서 연습하면 실력이 늘었다고 생각하지만 치명적 단점이 있다. 우선 시간이 많이 걸린다. 익숙함을 아는 것으로 착각하게 된다. 익숙하면 안다는 착각에 빠져 부족한 부분을 놓치고 당연히 노력하지 않게 된다.

　돈처럼 지식에도 빈익빈 부익부의 법칙이 작용한다. 지식을 가진 자와 갖지 못한 자의 갭이 점점 벌어진다. 지식을 가진 자는 자신이 모른다고 생각해 공부를 계속하고, 지식을 갖지 못한 자는 자신이 무지하다는 사실을 인지하지 못해 공부를 하지 않기 때문에 벌어지는 현상이다. 무능하고 무지할수록 주제 파악을 하지 못한다. 자신의 제대로 된 모습을 알지 못한다. 아니, 무능할수록 자신이 똑똑하다고 생각한다.

　하위 12%의 학생은 자신의 추론능력이 32% 안에 든다고 생각한다. 하위 25% 학생은 다른 학생의 답과 자기 답을 비교하라는 과제를 주면 잘하는 학생의 답을 보고도 자기 잘못을 알지 못한다. 하위 25% 학생은 자신의 수행능력을 높이 평가했다. 왜 그런 일이 벌어지는 걸까?

첫째, 부정적인 피드백을 받지 못했기 때문이다. 둘째, 부정적인 피드백을 받아도 그걸 자기 잘못으로 생각하지 않고 상황 탓으로 돌리기 때문이다. 셋째, 태생적으로 주제 파악을 못하기 때문이다. 당신은 어떤가? 혹시 세상물리를 터득한 것처럼 생각하고 행동하는 것은 아닌가? 그래서 일 년간 책 한 권 읽지 않고도 거리낌 없이 세상을 살고 있지는 않은가?

효과적인 학습법을 위해서는 우선 뇌를 이해해야 한다. 태생적으로 머리가 좋지만 후천적으로 머리를 쓰지 않는 사람과 타고난 머리는 별로지만 후천적인 노력을 많이 한 사람과는 어떤 차이가 있을까? 뇌는 쓸수록 좋아진다. 용불용설이 뇌에는 정확하게 작동한다. 머리가 다소 나빠도 자꾸 쓰면 좋아지지만 아무리 머리가 좋아도 쓰지 않으면 정체된다. 이게 뇌의 신경가소성이다. 뇌는 인생 경험과 의도적 학습에 의해 변화하고 재조직된다.

시각장애인을 대상으로 시각 정보 감지 센서를 눈이 아닌 혀로 바꾸는 실험을 했다. 그 결과 피험자는 출입구를 찾고 자신에게 굴러오는 공을 잡았으며 20년 만에 처음으로 딸과 가위바위보를 했다. 뇌가 스스로 배선을 바꾸어 혀로 감지하는 정보를 시각 정보로 인식하게 되었던 것이다.

노력을 들여 기억해내고 이것저것 섞어서 연습하다 보면, 뇌의 여러 부위가 활성화되어 더욱 깊이 있게 학습할 수 있다. 기억과 지식을 통합하는 해마는 새로운 뉴런을 만들어낸다. 뉴런은 손상에서 회복하는 능력 혹은 인간의 평생학습 능력에서 중심 역할을 한다. 연관 학습(associative learning, 이름과 얼굴처럼 관련 없는 항목의 관계를 학습하는 것)이 새로운 뉴런을 더욱 많이 생성하도록 자극한다는 연구 결과가 있다. 학습하려는 의도 자체가 뇌에 영향을 끼친다. 또한 신경 발생 증가는 학습활동이 끝난 후에도 한동안 지속된다. 산업 국가에서 IQ 평균이 계속 상승해왔다. 인간의 잠재력은 고정된 잣대로 측정할 수 없다. 지능은 자기 노력에 의해 향상될 수 있다.

그렇다면 효과적인 학습방법에는 어떤 것이 있을까? 새로운 것을 인출하는 연습(retrieval practice)이 있다. 안다고 생각하는 것과 실제 아는 것은 다르다. 선생님에게 수업을 받았다고 아는 것은 아니다. 그건 들은 것에 불과하다. 안다고 생각하는 것을 실제 아는 것으로 연결하기 위해서는 배운 것을 인출해봐야 한다. 인출하면 배운 것을 기억에 통합하고 특정 단계에서 배운 개념을 다른 것과 연결할 수 있다. 쪽지 시험, 동료가 동료를 가르치는 교수법, 협동학습은 그런 면에서 중요하다.

한 외과의사는 인출을 통해 유능한 의사가 되었다고 고백한다. "어려운 수술을 하고 집에 돌아오면 그날 무슨 일이 있었는지, 내가 무엇을 할 수 있었는지, 예를 들면 봉합을 더 잘할 수 있는 방법이 있었는지 생각해봅니다. 바늘땀을 좀 더 작게 하려면 어떻게 해야 할까? 봉합을 더 촘촘히 해야 할까? 이렇게 바꿔보면 어떨까? 다음 날에는 생각했던 것을 실행해보고 효과가 있는지 지켜봅니다." 이렇듯 그는 반추를 통해 실력을 탄탄히 쌓았다.

공부의 핵심은 인출, 즉 되씹어보고 곱씹어보는 반추다. 이런 과정을 통해 안다고 생각하는 것에서 실제 아는 것으로 나갈 수 있다. 안다는 건 머리가 아닌 몸이 기억하는 걸 의미한다. 실제 다급한 상황이 닥치면 생각하기 앞서 자동으로 몸이 움직일 수 있어야 한다.

한 중학교에서 학습방법 효과를 위한 실험을 했다. 한 번은 수업이 끝난 후 일정 범위 안에서 간단한 시험을 세 차례 실시했다. 다른 한 번은 시험 대신 그 범위를 세 번씩 복습하게 했다. 한 달 후 시험을 치렀다. 학생들이 어느 범위의 내용을 더 잘 기억했을까? 시험을 보았던 범위의 평균 점수는 A-였고 시험을 보지 않고 복습만 시킨 범위의 평균 점수는

고수의 학습법

C+였다. 이게 인출의 힘이다.

시험은 인출을 위한 최선의 방법 중 하나다. 배운 후 그 사실이나 개념을 머릿속에서 떠올리는 인출 연습이 반복해서 읽는 복습보다 훨씬 효과적이다. 보통 대학은 한 학기에 두 번 큰 시험을 본다. 중간고사와 학기말 고사다. 이보다는 수업이 끝날 때마다 간단한 쪽지시험을 보는 것이 훨씬 효과적이다.

인출 연습은 배운 것을 주기적으로 되새김질하는 것이다. '핵심 내용이 무언가? 생소한 내용은? 그것을 어떻게 정의할 것인가? 이미 알고 있는 것과 어떻게 연결할 것인가?' 하고 수업이 끝날 때마다 간단한 퀴즈를 보는 것이 좋다. 뭔가를 배웠는지를 그때그때 물어보고 답을 하게끔 하는 것도 방법이다.

교재 마지막에 나오는 탐구문제는 인출을 위한 연습이다. 스스로 질문을 만들고 답을 적어보는 것도 방법이다. 반복해서 외우는 것보다 인출이 훨씬 강력한 방법이다. 반복 읽기를 하면 안다고 착각할 수 있다. 이보다는 주요 내용과 주요 용어의 의미를 스스로 물어보고 답하는 것이 효과적이다. 무언가를 배우고 주기적으로 복습하는 것이 밤샘 공부하는 것보다 효과적이다.

시간 간격을 두고 연습(space out practice)하는 학습법도 있다. 외과수련의 38명을 대상으로 현미경을 이용해 미세혈관을 잇는 수술에 대한 교육을 실시했다. 한 팀은 하루 네 번 수업을 듣게 하고, 또 다른 팀은 일주일 사이를 두고 네 번 수업을 듣게 했다. 하루에 모든 수업을 듣게 한 팀이 훨씬 나쁜 평가를 받았다. 집중 연습보다는 시간차를 둔 연습이 효과적이다.

새로운 지식은 내 지식이 아니다. 이를 장기기억 속에 넣으려면 통합과정이 필요하다. 이 연결과정에는 몇 시간 내지 며칠이 걸린다. 이 방법은 팀장 교육에도 적용할 수 있다. 16시간 과정을 설계할 때 이를 한꺼번에 1박 2일 동안 하는 것과 4시간씩 네 번에 걸쳐 하는 것과 어느 것이 효과적일까?

다양한 문제를 섞어서 공부하는 학습법도 있다. 체육 시간에 여덟 살짜리 아이들이 바구니에 콩주머니를 던져 넣는 연습을 했다. 반은 바구니에서 90cm 떨어진 곳에서 주머니를 던졌고 나머지 반은 60cm와 120cm 떨어진 곳에서 번갈아 주머니를 던졌다. 최종적으로 모두가 90cm 떨어진 곳에서 콩주머니 던지기 시험을 보았다. 최후의 승자는 60cm와 120cm를 오가며 연습한 아이들이었다. 이들은 90cm 떨어진 곳에서는 한 번도 연습하지 않았지만 학습효과가 좋았다.

이처럼 시간 간격을 두고 다양한 형태를 뒤섞어서 연습하는 것이 효과적이다. 수학 교과서는 단원별 내용을 집중적으로 학습하고 그 단원에 해당하는 연습문제들을 풀어본 후 다음 단원으로 넘어가면 좋다.

기말고사는 모두 뒤섞어 출제된다. 단원별로 공부한 학생은 기말고사 문제가 어느 단원에 나오는지, 어떤 공식을 적용해야 할지 혼란에 빠질 수밖에 없다. 실제 수학의 도형 문제에서 여러 유형을 뒤섞어 공부한 학생이 배울 때에는 애를 먹지만, 이후 테스트에서는 훨씬 뛰어난 실력을 발휘한다.

교육 담당자로서 열 가지 복잡한 내용을 가르친다면 어떻게 하는 것이 효과적일까? 하나를 완벽히 끝낸 후 다른 과목으로 넘어가는 것보다 이것저것을 왔다 갔다 하면서 하는 것이 효과적이다. 그럼에도 불구하고 사람들은 이 방법을 선호하지 않는다. 집중 방식보다 느리게 학습된다는 느낌 때문이다. 지지부진한 느낌이 들기 때문이다. 하지만 집중 연습보다 교차연습을 할 때 숙련도와 장기기억 측면에서 훨씬 유리하다. 공부 계획을 세울 때 다양한 문제 유형을 교차해서 풀도록 배치하라. 보통은 한 가지를 완전 정복한 후 다음으로 넘어가고 싶어 한다. 그렇지 않다. 그보다는 문제 유형과 예시를 섞어 공부하는 것이 효과적이다.

새로운 지식을 기존 지식과 연결하는 것도 좋은 학습법이다. 새로운 내용을 이미 알고 있는 지식과 연관 짓는 것, 자기만의 표현으로 누군가에게 설명하는 것, 배운 것을 토대로 요약표를 만들어 한 장의 종이에 다양한 생물학적 체계를 그리고 그 체계들이 어떻게 서로 관련이 있는지를 나타내보는 방법도 효과적이다.

책을 읽을 때 뇌 속에서 이런 현상이 자주 일어난다. 독서란 이미 알고 있던 사실을 책을 읽으면서 다시 한 번 복습하는 과정인 경우가 많다. 정답을 보기 전에 미리 고민하고 문제를 풀어보는 것이 효과적이다. 수학문제를 풀다 안 되면 바로 답안지를 본 경험이 있을 것이다. 아니면 문제를 풀기도 전에 답안부터 확인하는 사람도 있다. 그보다는 정답을 보기 전에 질문에 답하거나 문제를 풀려고 시도하는 것이 효과적이다. 빠진 단어 채우기가 대표적이다. 완성된 문장을 볼 때보다 글의 내용을 더 잘 배우고 기억할 수 있다.

왜 경험이 중요할까? 사전 지식이 없는 상태에서 속수무책으로 경험하기 때문이다. 깨지고 실수하면서 계속 생각하는 것이다. 그러다 관련 책을 보거나 해법을 들으면 눈앞이 환해진다. 그렇게 배운 것은 평생 잊지 못한다. 배운 것을 검토하고 스스로 질문하는 반추 프로세스를 가져야 한다.

고수의 학습법

반추는 최근 수업이나 경험을 통해 무엇을 배웠는지를 돌이켜보는 것이다. 어떤 부분이 잘되었는지, 그 일로 어떤 일이 연상되었는지, 더 잘할 수 있었던 부분은 무엇인지, 더 잘하려면 무엇이 필요한지 등 돌이켜보며 무엇을 알고 무엇을 모르는지 측정하는 것도 중요하다. 측정할 수 있으면 개선할 수 있다. 공부도 그러하다. 주기적으로 자신의 현재 위치를 확인해야 한다.

엄청 어려운 과목에서 늘 발군의 실력을 보이는 학생이 있었다. 교수는 그에게 어떻게 공부를 하는지 물었다. 그 학생은 다음과 같이 고백했는데 이 안에 효과적인 공부법의 모든 것이 들어 있다.

"전 항상 수업 전에 배울 내용을 읽어갑니다. 수업자료를 읽으면서 시험문제를 예상하고 답을 합니다. 읽은 것이 기억에 남아 있는지 수시로 확인하지요. 기억나지 않는 용어를 찾아보고 다시 공부합니다. 굵은 글씨로 쓴 용어와 정의를 옮겨 적고 확실히 이해하려고 노력합니다. 교수가 내준 연습시험을 보면서 이를 통해 모르는 개념을 발견하고 확실히 공부합니다. 강의 내용을 나만의 방법으로 정리해봅니다. 중요 내용을 머리맡에 붙인 다음 가끔 혼자 테스트해봅니다. 복습하는 시간 사이사이에 간격을 둡니다."

웨스트포인트의 초대 교장은 실베너스 테이어(Sylvanus Thayer)다. 그는 오늘날 웨스트포인트만의 독특한 학습방법을 만들었다. 그래서 테이어 방식이라 부른다. 핵심은 이러하다. 강좌마다 구체적인 학습목표를 제공한다. 목표 달성 책임은 학생들에게 있다. 수업시간마다 퀴즈와 암송이 있다. 주어진 시간에 비해 훈련의 부담이 엄청나다. 일부러 과부하를 거는 것이다. 그럼 생도들은 살아남기 위해 필수적인 부분에 집중하고 나머지는 신경 쓰지 않는다. 이 역시 훈련의 한 방식이다.

교관은 "교재를 다 읽었다면 뭔가 잘못된 것이다. 대충 보라는 것이 아니다. 질문으로 시작하고 답을 찾기 위해 읽으라는 것이다."라고 말한다. 이들은 수업 전 읽어야 할 과제에 포함된 내용으로 학습목표와 관련한 퀴즈를 보면서 수업을 시작한다. 시작은 칠판으로 걸어가 각자 문제를 풀어보는 것이다. 이 문제풀이 과정이 인출 연습이다. 문제를 풀고 나면 집단마다 한 학생을 뽑아 답을 구한 과정을 설명하고 다른 학생으로부터 피드백을 받는다. 동료를 가르치는 것, 즉각적인 피드백을 받으면서 서로가 서로에게 배우는 것 등 학습의 주요 내용이 모두 들어 있다. 아주 효과적인 학습방법이다. 시장에서 웨스트포인트 출신을 선호하는 이유 중 하나다.

《어떻게 공부할 것인가》를 읽으면서 현재 학교와 기업에서 하는 교육에 대해 생각해보았다. 우선 수강생들은 별다른 니즈가 없다. 특별한 고민도 없다. 선생은 파워포인트에 멋지게 만들어 알기 쉽게 설명해준다. 선생은 수업 준비를 위해 많은 고민을 하지만 정작 학생들은 별다른 고민도 노력도 하지 않는다. 학습의 핵심인 고통이 전혀 없다. 아무 생각 없이 그냥 교실에 들어와 선생이 가르치는 것을 멍하니 듣는 것이다. 전혀 학습이 이루어지지 않는다.

기존의 직업이 사라지고 있다는 건 새로운 직업이 부상하고 있다는 것이다. 이럴 때 누가 누구를 끼고 앉아 이렇게 해라 저렇게 해라 하기는 어렵다. 방법은 하나뿐이다. 스스로 주제를 정해 공부하는 것이다. 효과적인 공부법을 찾는 데 《어떻게 공부할 것인가》가 크게 도움이 될 것이다.

4장

배움의 즐거움에
빠지다

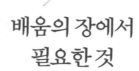

배움의 장에서
필요한 것

강의가 주업이고 일 년에 200회 이상 기업 강의를 15년 넘게 하고 있지만 난 늘 '이런 식의 강의가 최선일까?'라는 의구심을 갖고 있다. 내로라하는 강사들이 우글대고 그들의 강의를 듣기 위해 많은 기업이 큰 비용을 지불하지만 그 효과성에 대해서는 늘 의문점을 갖고 있다.

강의의 목적은 무엇일까? 내가 생각하는 강의의 목적은 행동 변화다. 강의를 들을 때 아무리 사람들이 환호하고 재미있어 해도 강의를 들은 후 행동 변화로 이어지지 않으면 최선의 강의는 아니란 생각이다. 반대로 들을 때에는 그저 그래도 들은 후 행동 변화로 이어지고 시간이 지나면서 조직이 변한다면 그런 강의가 최선일 수 있다는 생각이다. 이를 위해서는 어떤 전제조건이 필요할까?

문제 해결에 대한 간절함

듣는 사람들의 간절함이 가장 중요하다. 그게 없으면 강의 전달은 제대로 될 수 없다. 뭔가 절실하게 해결하고 싶은 문제가 있어야 하고 그런 것이 늘 머릿속을 떠다녀야 한다. 목표 달성이 될 수도 있고, 신제품 개발이 될 수도 있고, 기업문화 변화가 될 수도 있고, 상사와의 갈등이 될 수도 있다. 해결하고 싶다는 간절함이 있으면 책도 찾아보고, 사람들에게 물어보고, 나름 여러 시도를 하게 된다. 그러다 관련 강의를 듣는다면 효과 만점이다.

책을 살 때도 그렇다. 난 늘 자존감과 자신감의 차이에 대해 명쾌한 차이를 내리지 못하고 있었다. 그게 중요하다는 생각은 했지만 쾌도난마할 해법이 없었다. 그러다 대전역 책방에서 《자존감의 여섯 기둥》이란 책을 발견했다. 몇 장 뒤적이다 지체 없이 책을 사 단숨에 읽었다. 늘 관심이 있고 알고 싶었던 주제 중 하나였기 때문이다.

세상에 공짜 점심은 없다. 효과적인 강의를 위해서는 듣는

고수의 학습법

사람이 아파야 한다. 배움도 그렇고 변화도 그렇다. 깨달음이란 쉽게 얻을 수 있는 것이 아니다. 아무런 노력도 하지 않았는데 어느 날 갑자기 앞이 환해지는 그런 일은 절대 벌어지지 않는다. 또 좋은 강의를 많이 듣는다고 행동이 바뀌는 것도 아니다. 좋은 얘길 쫓아다니는 사람들이 있는데 이는 가수의 리사이틀을 쫓아다니는 것과 같다. 뭔가 배우기 위해서는 배우는 사람의 아픔과 노력이 있어야 한다.

그런데 대부분의 강연은 강의하는 사람만 고통스럽고 듣는 사람은 너무 편안하다. 그들이 하는 일이란 오직 '저 사람이 제대로 강의하는지' 관찰하는 것이다. 그렇기 때문에 강의를 여기저기 쫓아다니면 행동 변화가 일어나는 게 아니라 평론가로 변신하게 된다. 그야말로 강의만 많이 들어본 사람이 되는 것이다.

그렇다면 효과적인 강의는 어떤 것일까? 듣는 사람이 아파야 한다는 것은 무슨 뜻일까? 내가 생각하는 아픔은 바로 사전준비다. 강의를 듣기 전 특정 주제에 대해 깊이 생각해야 한다.

부서 간 갈등해소란 주제가 있다고 해보자. 그럼 부서 간 갈등이 도대체 뭔지, 왜 발생하는지, 꼭 나쁜 것인지, 이를 방지하기 위해 개인이 할 일과 조직이 할 일은 무엇인지를 깊이 생각해야 한다. 그럼 자연스럽게 나름의 생각과 의견이 나온다. 필요하다면 관련 공부도 해야 한다. 그런 이후 강의를 들어야 한다.

강연자와 수강자가 모두 만족하는 강의

일방적인 강의는 재미없다. 질문과 답변이 오가고 서로 다른 생각에 대한 논쟁도 있어야 한다. 그래야 불꽃이 튄다. 그런 곳에서 참다운 학습이 일어나고 지적 즐거움을 맛볼 수 있다.

내가 생각하는 학습의 최대 장애물은 파워포인트다. 파워포인트는 필요할 때만 1~2장 쓰면 충분하다. 그런데 어느 순간 강의실의 주인공은 교수와 학생 대신 파워포인트가 되고 말았다. 가르치는 사람도 이걸 보고 듣는 사람도 이걸 본다. 결혼식 가는 게 주례 때문이 아닌데 정작 주인공 이야기는 한마디도 듣지 못하고 엉뚱한 주례 이야기만 잔뜩 듣고 올 때의 기분과 비슷하다. 파워포인트를 과하게 이용하면 지적 교류가 일어나지 않는다. 그래서 요즘 미국은 파워포인트를 점차 사용하지 않는 추세라고 한다.

질문자와 답변자에 따라 강의를 네 종류로 나눌 수 있다. 최악은 강사가 질문하고 강사가 답하는 것이다. 강사의 질문에 학생이 답하지 않기 때문이다. 최선은 학생이 질문하고 다른 학생이 답하는 것이다. 궁금한 것이 많기 때문에 질문이 많고 그 질문에 다른 학생이 답을 하면서 강연장은 활기를 띤다. 이게 최선이다. 강사 역할은 강의에 불을 붙이고 필요에 따라 정리정돈을 해주는 것이다.

웨스트포인트의 테이모어 교육은 이런 점을 염두에 두고 만들어졌다. 사전에 읽을 과제가 엄청나다. 미리 고민을 해오라는 것이다. 학생이 읽어와 학생이 가르치고 그들이 문제를 내고 그들이 푼다. 난 요즘 시험 삼아 사람이 적은 경우는 이 방식을 사용한다. 사전 고민까지는 못해도 사람들을 둥글게 앉히고 관련 주제에 대해 질문한 후 그들 스스로 답변하게 한다. 필요에 따라 내가 답변하는 식이다.

몇 번 해봤는데 반응이 꽤 괜찮다. 무엇보다 그들의 실제 생각과 고민을 알 수 있어 효과적이다. 오가는 대화를 듣다 보면 강의가 살아있다는 느낌을 받는다. 내가 생각하는 효과적인 강의의 키워드는 두 가지다. 하나는 No pain, no gain 이고 또 다른 하나는 학생들의 적극적 참여다. 교수보다 학생들이 더 고민하게 하는 것, 그들로 하여금 자발적으로 참여하게 하는 것이다.

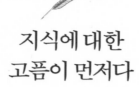

지식에 대한
고픔이 먼저다

배움의 최대 장애물은 무엇일까? 나는 겸손을 가장한 자기비하, 이미 획득한 지식에 갇혀 새로운 흐름을 받아들이지 못하는 경직성이라고 생각한다. 그렇기 때문에 배우기 위해서는 비워야 한다.

"시장이 반찬이다."란 속담이 있다. 시장하면 뭐든 맛있고 시장하지 않으면 진수성찬도 의미가 없다는 말이다. 그런 면에서 고픔이란 참 중요하다. 배가 고파야 음식이 맛있는 것처럼 돈에도 고픔이 필요하지 않을까? 처음부터 부자였던 사람과 가난의 고통을 아는 사람은 돈에 대해 느끼는 것이

다르지 않을까? 금수저들은 돈이 귀하다는 것, 돈 벌기 어렵다는 것, 노력의 결과로 돈이 생겼을 때의 기쁨 등을 알기 어렵다.

부족함을 채우는 기쁨

난 평생을 어렵게 지내다 50세가 지나면서 조금씩 살림이 피기 시작했다. 그래서 아직도 내가 이 정도 사는 것이 실감나지 않는다. 형편이 나아지니 돈에 대해 감사한 마음이 크다. 돈처럼 공부에도 배고픔은 필요하다. 난 별 관심이 없는 공학 공부로 박사까지 받았다. 남들이 하니까 나도 했고 먹고살기 위해 공부했다. 당연히 공부의 즐거움은 알지 못했다. 꾸역꾸역한 셈이다. 그러다 우연한 기회에 인문학 책을 읽고 소개하고 글 쓰는 직업을 갖게 되면서 공부하는 기쁨을 알았고 그 기쁨은 시간이 지나면서 커지고 있다.

　요즘은 공부하는 게 제일 즐겁고 기쁘다. 그 시간이 늘 기다려진다. 아마 내 안에 공부에 대한 갈증이 컸던 것 같고 뒤늦게 갈증을 채우는 방법을 안 것 같다. 뭐든 고픔과 갈증이 있어야 한다. 부족함과 갈급함이 있어야 채우는 기쁨을 맛볼 수 있다. 난 평생 공부에 굶주리고 그걸 채우면서 살고 싶다.

하고 싶은 공부

후적박발(厚積薄發)은 두텁게 쌓아 살짝 드러낸다는 뜻으로 소동파가 한 말이다. 쌓는 것이 먼저이고 드러내는 것은 나중이다. 레퍼런스가 두터우면 자신도 모르게 이를 드러내게 된다. 낭중지추와 통한다. 반대로 아는 게 없으면 시끄럽긴 한데 쓸 만한 내용이 없다. 쌓지는 않고 아는 것도 없으면서 자꾸 아는 척을 한다.

소동파는 부자가 농사짓는 것과 가난한 사람이 농사짓는 것을 이렇게 비유한다. 부자는 여유가 있으니까 땅을 놀려가며 농사를 짓는다. 당연히 땅에 힘이 있고 곡식이 잘된다. 가난한 사람은 땅을 놀릴 틈이 없으니 땅에 힘이 없고 좋은 씨앗을 뿌릴 여유도 없다. 참고 기다릴 여유도 없다. 늘 가난하게 살 수밖에 없다.

부가 먼저일까? 여유가 먼저일까? 순서를 정하기 어렵다. 여유가 있어야 공부를 할 수 있고, 공부를 하면 여유가 생기면서 선순환이 일어난다. 반대로 먹고살기 힘든 사람은 여유가 없으니 공부하기 어렵고 그동안 배운 알량한 지식을 방전하면서 근근이 먹고산다. 여유가 생겨도 공부에는 신경을 쓰지 못한다. 먹고살기 위한 공부는 엄격한 의미의 공부가 아니다. 재미도 없고 억지로 할 가능성이 높다. 하고 싶은 공부를

고수의 학습법

할 수 있어야 한다. 여유가 있을 때 그런 공부를 해야 한다. 그럼 자신을 채울 수 있고 채운 걸 통해 부를 만들 수 있다.

공부의 목적 중 하나는 자신의 무지를 아는 것이다. 일명 무지의 지다. 난 책을 읽고 소개하는 직업을 가진 지 20년이 넘어간다. 누구보다 많은 책을 접했다. 하지만 이상한 일이 하나 있다. 그렇게 많이 읽는데 읽을수록 읽어야 할 책, 읽고 싶은 책이 늘어난다는 점이다. 궁금한 것과 알고 싶은 게 계속 늘어난다. 반대로 생전 책을 읽지 않는 사람은 점점 책을 읽지 않는다. 궁금한 것도 알고 싶은 것도 없어 보인다. 요즘 같은 영상시대에 왜 책을 읽어야 하는지 모르겠다는 말도 한다. 과연 그럴까?

살면서 가장 어려운 것은 나 자신을 아는 것이다. 내가 어떤 사람인지를 아는 것이다. 무엇보다 자신이 얼마나 무지한지를 인식하는 것이다. 이게 바로 무지의 지다. 책을 많이 읽으면서 달라진 건 딱 하나다. 내가 무지하다는 사실을 인식하게 되었다는 점이다. 이런 내가 참 마음에 든다. 적어도 난 내가 무지하다는 사실은 인지하고 있지 않은가.

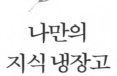

나만의
지식 냉장고

집에 냉장고가 없는 사람은 없다. 냉장고가 있어야 식자재를 보관할 수 있고 식자재가 있어야 원할 때 원하는 음식을 만들어 먹을 수 있다. 지식노동자는 고객이 원할 때 그들의 입맛에 맞게 지식을 가공해서 전달할 수 있어야 한다.

그런데 고객은 충분한 시간을 주지 않는다. 이번 주말까지 혹은 다음 주까지 원고를 청탁하든지, 강의를 부탁한다. 내가 자신 있는 분야는 상관없지만 내가 자신 없는 분야 혹은 낯선 분야의 것도 부탁하는 경우가 종종 있다. 난 웬만하면 이들의 요구 대부분을 받아들인다. 나만의 지식 냉장고가 있기 때문에 가능하다.

지식 관리 노하우

난 책 소개하는 일을 20년 가까이 하고 있다. 책을 읽고 이를 A4 용지 3~4장 혹은 그 이상으로 요약하는 일이다. 시간도 많이 들고 고통스럽지만 이 과정에서 나만의 엄청난 지식 창고가 생겼다.

지식노동자가 되려는 사람은 자신만의 지식 냉장고가 필요하다. 이를 위해서는 남들을 압도할 독서량이 필수적이다. 내 경우 최소 1년에 200권은 읽는다. 책의 종류는 매우 다양하며 독서 취향은 계속 바뀐다. 처음에는 경영이나 마케팅 관련 책을 주로 읽었다. 자기계발 관련 책도 신물 나도록 읽었다. 자서전과 평론도 많이 읽었다. 요즘은 역사관련 책을 많이 읽는다. 기술의 역사, 의학의 역사, 음식의 역사 같은 것에 관심이 많다.

책을 많이 읽는 것 못지않게 제대로 읽는 것이 중요하다. 보통 사람들은 눈으로만 책을 읽는다. 묵독이다. 묵독으론 읽은 내용을 뇌에 입력시키는 것은 한계가 있다. 읽은 후 빛의 속도로 읽은 내용이 사라져 1년이 지나면 내가 그 책을 읽었다는 사실조차 기억 못하는 경우가 많다.

독서 후 아웃풋

난 책을 거칠게 읽는다. 순서 없이 읽는다. 뒤부터 보기도 하고, 맘에 드는 부분만 뽑아보기도 한다. 줄도 치고, 낙서도 하고, 의견이 생기면 내 의견도 적고, 좋은 내용은 전체를 접기도 한다.

책을 읽는 것보다 책을 읽은 후가 중요하다. 난 책의 주요 부분, 기억하고 싶은 부분, 소개하고 싶은 부분을 필사한다. 감명받은 책은 A4 용지 열 장이 넘게 필사하는 일도 있다. 시간도 많이 들고 고통스럽지만 눈으로 읽을 때와는 다른 기분이다.

필사를 하면 저자의 생각이 내 뇌에 각인되는 느낌이다. 그냥 묵독으로 읽은 책은 별로 기억나지 않지만 필사를 거친 책은 거의 모든 내용을 떠올릴 수 있다. 이게 필사의 힘이다.

하지만 필사만으로는 충분치 않다. 필사한 책의 정보는 원할 때 끄집어낼 수 없기 때문이다. 필사한 내용을 다시 한 번 살피면서 '콘트롤+c'와 '콘트롤+v'를 사용해 지식 냉장고 폴더로 옮긴다. 지식 냉장고에는 리더십, 혁신, 역사, 음식, 격언 등 내가 관심 있는 수많은 아젠다가 있다. 한곳에 옮겨놓

고수의 학습법

으면 원할 때 바로 정보를 찾을 수 있다.

내 재산목록 1호는 컴퓨터 안에 있는 지식 냉장고다. 지식 냉장고 안에 있는 지식은 네이버나 구글에서 찾은 지식과는 다르다. 내가 읽은 책, 들었던 강의, 어디선가 배운 것을 주제에 맞게 다시 옮겨 놓은 것이다.

만약 기업에서 조직문화 관련해 글을 써달라고 하면 난 지식 냉장고 안에 있는 조직문화에 들어간다. 여기 있는 지식은 정리되지 않은 창고 같은 곳이지만 생생하게 살아있는 지식이다. 이곳을 둘러보면 그 책을 읽을 당시의 생생한 느낌이 떠오른다. 난 지식 냉장고 안의 지식에 내 생각을 더해 고객에게 전달한다. 난 효과적인 지식노동자가 되기 원하는 사람에게 자기만의 지식 냉장고 갖기를 권한다.

혼자 있는 시간을
일부러 만든다

사람은 혼자 있을 때 성장한다. 뭔가를 배우거나 공부하기 위해서는 혼자 있는 시간이 있어야 한다. 관계에서 벗어나 홀로서기를 해야 한다. 책을 읽을 때도 그렇고 뭔가를 생각할 때도 그렇다. 사람 사이에 있으면서 책을 읽고 사색할 수는 없다.

그런데 혼자가 된다는 건 쉬운 일이 아니다. 필요성을 느끼고 의지가 있어야 한다. 혼자 있는 걸 못 견뎌 하는 사람들이 있다. 시간만 나면 어딘가 전화를 하고, 카톡을 보내고, 자꾸 약속을 만들고 모여야 안심하는 사람도 많다. 그게 잘

사는 거라고 생각한다. 어떤 그룹이든 속하려고 애쓰면서 자꾸 그런 모임을 만든다. 과연 그게 바람직할까?

책 읽을 시간

괄목상대(刮目相對)란 말이 있다. 볼 때마다 상대의 발전한 모습에 놀라 눈을 비비고 다시 보게 된다는 말이다. 괄목상대할 만한 사람이 되기 위한 제1의 조건은 독서다. 밥을 먹지 않으면 살 수 없고, 운동하지 않고는 몸을 만들 수 없듯 독서 없는 성장은 불가능하다. 성장하기 위해 가장 필요한 것은 바로 독서다. 매일 독서하고 손에서 책을 놓지 말아야 한다.

괄목상대란 말도 책에서 유래했다. 무식했던 여몽이란 사람이 공부하라는 친구의 충고를 받은 후 매일 책을 읽어 오랜만에 만난 사람이 깜짝 놀랐다는 것에서 유래한 것이다. 사람을 변화시키는 데 독서만한 방법은 없다. 지속적으로 책을 읽는 사람과 책을 읽지 않는 사람은 세월이 흐른 후 큰 차이가 난다.

글을 쓰는 것도 성장을 위한 좋은 방법이다. 글을 쓰면 나도 모르게 생각이 정리되고 차분해진다. 독서와 글쓰기 모두 자기만의 시간이 있어야 할 수 있는 일이다. 책을 읽고 글을 쓰면 좋다는 것을 모르는 사람은 없다. 하지만 정작 실천하는 사람은 별로 없다.

바로 시간 부족 때문이다. 운동을 못하는 것도, 책을 읽지 못하는 것도 글을 쓰지 못하는 것도 다 시간이 없기 때문이라고 말한다. 그렇다면 언제쯤 시간을 낼 수 있을까? 그런 날이 오기는 올까? 아마 영원히 시간은 나지 않을 것이다.

독서의 우선순위

시간을 낼 수 있는 유일한 방법은 우선순위를 바꾸는 것이다. 다른 일을 하고 남는 시간에 운동하고 책을 읽겠다고 생각하는 대신 시간을 우선 배정해야 한다. 그리고 의도적으로 혼자만의 시간을 갖는 것이다. 우선순위만큼이나 혼자 있는 시간 확보가 중요하다.

하루 종일 사람들과 어울리면서 공부할 시간이 없다는 건 말이 되지 않는다. 남산만 한 배를 미워하면서 운동할 시간이 없다는 것 역시 그렇다. 애들은 잘 때 자라고 어른들은 혼자 있을 때 성장한다. 사람들과 있을 때 배우고 느낀 것을 혼자 있으면서 소화해 자기만의 것으로 만들어야 한다. 그렇기 때문에 다른 사람과 같이 있는 시간만큼 혼자만의 시간을 확보해야 한다.

난 사람들과 사귀는 것을 좋아한다. 사람들을 만나 밥을 먹고 대화를 나누는 것은 그 자체로 큰 기쁨이다. 같이 있는 시간이 좋긴 하지만 그 시간이 길어지면 힘이 든다. 단체로 어디 여행을 갈 때가 그렇다. 계속 사람들 사이에 있으면 에너지가 고갈되는 느낌이 든다. 주변을 의식해야 하고, 듣고 싶지 않은 이야기도 들어야 하고, 하고 싶지 않은 이야기도 해야만 하기 때문이다.

난 사실 혼자 있는 시간을 즐기는 편이다. 그래서 빈 시간을 좋아한다. 강의나 약속이 없는 날은 가슴이 설렌다. 이 날을 어떻게 보낼까 혼자 궁리를 많이 한다. 혼자 산에도 가고, 운동도 하고, 영화도 본다. 혼자 밥도 먹고 서점도 들어가고, 찻집에 들어가 글도 쓴다. 하늘도 보고, 나무도 보고, 지나가는 사람들 표정도 살핀다. 세상에 그렇게 홀가분할 수가 없다. 혼자 있다 보면 많은 생각을 하게 된다. 깜빡 잊고 있던 일도 떠오르고, 써야 할 글의 소재도 생각나고, 보고 싶은 친구 생각도 나고, 반성도 하게 되고, 미래 계획도 세우게 된다.

뭐든 지나치면 좋지 않다. 사람 사이의 만남도 그렇다. 지나치게 분주한 사람들이 있다. 뭐가 그리 바쁜지 옆에 있는 나까지 정신이 없다. 무슨 모임이 그렇게 많은지 마치 국회의원 출마를 앞둔 사람 같다.

바쁜 것과 유능한 것을 동일시하는 사람도 있다. 주중은 주중대로 바쁘고 주말은 어딘가로 꼭 놀러가야 직성이 풀리는 사람도 있다. 도대체 가만히 있는 꼴을 보지 못한다. 뭔가 속이 허하고 자신과 진지하게 마주하는 것을 두려워하고 관계 속으로 도피하려는 사람들이다.

얼마나 자주 혼자만의 시간을 갖고 있는가? 혼자만의 시간에 무얼 하는가? 혼자만의 시간을 갖길 권한다. 그때 우리는 성장한다.

성장으로 이어지는
집중력의 힘

공부 잘하는 사람의 특징은 무엇일까? 성과를 잘 내는 사람은 어떤 특성을 갖고 있을까? 대인관계가 좋은 사람들은 어떤 행동을 보일까? 그들은 모두 집중력이 뛰어나다. 상대가 하는 말을 열심히 듣고 거기에 관해 질문한다. 지금 하는 일에 최선을 다한다.

반대로 일 못하는 사람은 늘 정신이 다른 곳에 팔려 있다. 지금 하는 일에 집중하지 못하고 딴짓을 한다. 그런 사람 중 자신은 생각이 너무 많다고 고백하는 사람이 있는데, 자신을 생각이 깊은 철학자로 포장하는 것 같은 느낌이다.

생각이 많아서 집중력이 부족하다?

생각이 많다는 것이 무슨 뜻일까? 나는 생각이 많은 것은 현재에 집중하지 못해서라고 생각한다. 현재 여기 존재하는 대신 과거와 미래를 왔다 갔다 한다는 것이다. 과거 일을 후회하거나 아니면 미래 일을 앞당겨 걱정하느라 정작 지금 하는 일을 제대로 하지 못하는 것이다. 앞에 있는 사람과 밥을 먹으면서 다른 사람과 카톡을 한다. 국어시간에 수학공부를 하고, 수학시간에 국어공부를 한다. 회사에 앉아서는 집안 걱정을 하고 집에서는 회사 생각을 한다.

정말 영양가 제로인 행동이다. 이런 식으로는 죽도 밥도 되지 않는다. 뭔가를 한 것 같지만 사실은 아무것도 하지 않고 시간만 낭비한 것이다. 간혹 이런 사람을 신중하다, 생각이 깊다는 식으로 잘못 평가하기도 하는데 난 동의하지 않는다. 나는 해야 할 일을 하지 않고 이를 걱정으로 대신하는 사람이라고 생각한다. 게으름의 다른 표현이라고 본다.

최근 뭔가를 하면서 집중한 기억이 있는가? 일을 하느라 식사시간을 깜빡했다거나, 책을 읽다 보니 날이 훤해졌다거나, 친구와 이야기하다 보니 몇 시간이 후딱 지나갔던 경험 말이다. 그게 바로 집중이다.

뭔가를 하기 위해서는 이런 집중의 시간이 필요하다. 아니, 그런 목적성보다는 뭔가 집중할 수 있는 대상이 있다는 사실이 중요하다. 그때 행복을 느낄 수 있고 그런 시간이 축적되면 뭔가 좋은 관계도 성과도 만들어진다.

시간 가는 줄 모르게 몰두하는 것

난 가끔 새벽에 글을 쓸 때 이런 몰입을 경험한다. 앙드레 가뇽의 CD를 틀어놓고 하는데 어느 순간 음악이 멈춰 있는 걸 발견한다. 대화를 할 때도 간혹 있다. 최근 어떤 사람들과 맥주 한잔하면서 잠시 이야기를 나눴는데 시계를 보니 3시간이 흐른 것이다. 팟캐스트를 녹음할 때도 비슷한 경험을 했다. 세 사람이 내가 쓴 책에 대해 질문하고 대화를 하는 방식인데 웃고 떠들다 보니 어느새 2시간이 지난 것이다.

최경주도 비슷한 경험을 갖고 있다. 다른 생각을 하지 않은 덕분에 우승을 한 것이다. 2007년 AT&T 대회 당시 3라운드가 끝났을 때 그는 선두에 2타차로 뒤지고 있었다. 그날 밤 아내가 최경주에게 성경을 내밀며 읽어보라고 한 것이다. 요한복음 15장 16절이었다.

"너희가 나를 택한 것이 아니요 내가 너희를 택하여 세웠나니
이는 너희로 가서 과실을 맺게 하고 또 너희 과실이 항상 있

게 하여 내 이름으로 아버지께 무엇을 구하든지 다 받게 하려
함이니라"

　그는 암기를 정말 못한다. 자기 전 2시간 동안 그 구절을
외웠다. 그런데 그라운드에 올라서자 기억이 나지 않는다.
너무 긴장을 했기 때문이다. "너희가"라는 첫 구절만이 생각
났다. 그렇다고 볼을 치지 않을 수는 없으니까 계속 기억을
되살리면서 경기를 했다.
　2, 3, 4번 홀 계속 그랬다. 스코어카드 기록은 아예 캐디에
게 맡기고 경기를 했다. 오로지 다음 구절이 뭐였지만 생각했
다. 그러다 15번 홀에서 전광판을 봤는데 자기 이름이 1등 위
치에 있는 것이다. 그 순간 신기하게 성경구절이 생각났다.
17번 홀에서는 그림 같은 벙커샷이 홀인을 해서 버디를 잡았
고 결국 우승을 했다.
　만약 1번 홀부터 성경구절이 생각났다면 어땠을까? 그럼
"이 홀에선 이렇게 쳐야지, 저 홀에서 저렇게 쳐야지…." 하
고 온갖 생각을 다 하며 공을 쳤을 것이라고 고백한다. 그리
고 선두와 승부에 대한 엄청난 중압감, 미디어와 경쟁자들이
주는 압박감에 시달렸을 것이다. 까먹은 성경구절 덕분에 중
압감을 안 느끼고 공을 칠 수 있었던 것이다.

집중력을 방해하는 최고의 장애물은 스마트폰이다. 스마트폰 중독은 산만하다는 것을 의미한다. 스마트폰에서 손을 떼지 못하는 사람은 대부분 덜 성숙한 사람들이다. 인간은 가만히 놔두면 망가지기 마련이다. 온갖 생각이 뇌를 점령할 가능성이 높아진다.

가만히 있는데 집중력이 좋아질 수는 없다. 집중력은 훈련의 산물이다. 매일 근육운동으로 근육을 만들듯이 집중력 근육을 키워야 한다. 운동할 때는 운동만 하고, 앞 사람과 이야기할 때에는 앞 사람과의 이야기에만 집중하고, 글을 쓸 때는 글에만 집중해야 한다.

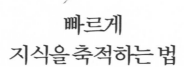

빠르게
지식을 축적하는 법

내가 생각하는 전문가는 대롱을 통해 세상을 보는 사람이다. 한 분야를 잘 아는 것처럼 보이지만 전체를 보는 눈이 없어 문제 해결을 하지 못하는 경우가 많다. 그래서 나온 말이 전문가의 오류란 말이다. 그들이 가진 좁은 터널 시야 때문에 다른 쪽을 보지 못하고 그래서 오히려 혁신의 장애가 된다는 것이다. 그렇기 때문에 지식 발전을 위해서는 섞이는 것이 중요하다.

한 분야의 대가가 된다는 것은 한 분야만 공부하는 것을 뜻하지 않는다. 땅을 깊게 파려면 넓게 파야 한다. 당연히 내 분야만이 아닌 다른 분야에 대해 관심을 갖고 배우려 노력해야 한다.

벨이 전화를 발명할 수 있었던 건 전기에 대해 몰랐기 때문이다. 포드 역시 시카고 도살장에서 도살한 소를 움직이는 컨베이어를 보고 컨베이어 시스템을 발견했다. 이처럼 서로 다른 것들이 만날 때 스파크가 튀고 생각이 발전한다. 그런 면에서 매일 같은 전공, 같은 일을 하는 사람들하고만 만나면 발전 속도가 느릴 수밖에 없다.

배움은 다른 분야에 관심을 갖고 그 쪽 분야 사람들과 어울릴 때 생겨나는 경우가 많다. 다른 분야에서 자기 분야를 들여다보면 의외의 성과를 얻을 수 있고 새로운 시각을 통해 영감을 받을 수 있다.

난 맨 처음 컨설팅이란 걸 시작할 때 경영학과를 나오지 않아 걱정했다. 공학박사 학위도 있고, 공장경험과 연구소 경험도 있고, 화학분야와 기계 분야의 연구 경험도 있지만 경영학을 체계적으로 배우지 못해 겁이 났다. 주변엔 온통 경영학과를 나온 사람들뿐이었기 때문이다.

하지만 일을 하면서 다른 백그라운드를 가진 것이 서로에게 도움이 된다는 사실을 알게 되었다. 나는 산업에 대한 이해는 좋았지만 그것을 엮을 수 있는 틀이 약했고, 경영학과를 나온 사람들은 반대로 틀에는 강했지만 실무 경험이 약했다. 서로 다른 백그라운드를 가진 사람들끼리 일하자 시너지가 났다. 세상의 문제점은 한 가지 전공을 한 사람이 풀기엔 너무 복잡하다. 다양한 시각, 여러 종류의 경험과 백그라운드를 가진 사람들이 모여 힘을 합쳐야 한다. 그래야 풀 수 있다.

자연이 근친상간을 싫어하는 이유는 근친상간으로는 열등한 유전자가 만들어지기 때문이다. 우리가 해결책 발전을 위해 개념을 교환할 때도 지적 근친상간을 피해야 한다. 같은 분야에서 일하거나 같은 학교를 졸업한 사람들과 협력한다는 것은 즐겁고 좋은 일이지만, 한편으로는 근친상간의 위험이 아주 높다. 다른 분야, 다른 배경, 다른 성향을 가진 사람들에게 충고를 구하자.

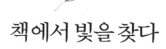

책에서 빛을 찾다

요즘 어떤 공부를 하고 있는가? 주로 어떤 책을 주로 읽는가? 예전에 비해 월등하게 발전한 게 있는가? 대학 졸업 후 변변한 공부 없이 지금까지 살아오지는 않았는가?

난 성공이란 말보다 성장이란 말이 좋다. 어제의 나보다 조금 나은 오늘의 나를 원한다. 기존의 나를 버리고 계속해 새로운 나를 만들고 싶다. 그래서 지적인 사람이 되고 싶다. 그런 것에 도움을 줄 시라토리 하루히코의 《지성만이 무기다》란 책을 소개한다.

모든 것의 시작은 생각이다. "생각이 행동이 되고 행동이 습관이 되고 습관이 곧 그 사람이다."란 말을 자주한다. 그만큼 생각이 중요하다. 그런데 어떻게 해야 제대로 된 생각을 할 수 있을까? 그냥 하는 생각은 생산성이 떨어진다. 생각에도 재료가 필요하다. 생각을 위해서는 생각할 재료가 있어야 하고 자극이 필요하다. 그게 없으면 생각하기 어렵다.

생각의 힘

생각의 재료를 제공하는 게 바로 책이다. 책을 읽으면 어휘가 늘어난다. 사용 가능한 어휘가 많다는 것은 사용 가능한 무기가 많다는 것과 같은 말이다. 언어가 사고를 지배한다. 새로운 언어를 안다는 건 그만큼 다른 세계를 이해하고 있다는 뜻이다. 당연히 풍부한 어휘는 사고 확대로 이어지고 사고가 확대되면 예전보다 많은 기회를 가질 수 있다. 상황에 다양하게 대처할 수 있고 불확실한 상황에 유연하게 대처할 수 있고, 앞이 보이지 않는 복잡한 상황에서도 답을 찾을 수 있는데 그게 바로 생각의 힘이다.

그렇다면 어떻게 독서를 해야 할까? 제대로 된 독서를 위해서는 네 가지를 파악해야 한다. 논리의 취지, 논리의 근거, 논리의 전제가 되는 가치관과 그 논리가 발생한 역사적 배경, 논리 구조가 그것이다. 그중 최소한 논리의 취지는 알아야 한다.

누구나 책을 읽고 이해할 수 있는 건 아니다. 학습과 경험이 적을수록 이해하기 어렵다. 내부에 축적된 정보가 적어도 힘들다. 독서의 가장 큰 의미는 자신과 타인을 알기 위한 것이다. 읽고 이해하기 위한 지침이 몇 가지 있다.

첫째, 밑줄을 긋는 것이다. 밑줄을 치면 논지가 또렷해지고 기억이 선명해지며 나중에 찾기도 쉽다. 둘째, 여백에 생각을 기록하는 것이다. 논리적 문제점이나 비판 등을 기록한다. 몰랐던 용어나 관용구의 의미도 기록한다. 셋째, 전체를 파악해두면 유리하다. 여행 전 여행할 곳의 지도를 보는 것과 같이 먼저 전체 내용과 목차를 대충 보는 것이 좋다. 전체를 알면 이해에 도움이 된다. 모르는 부분이 있어도 일단 전체를 보는 것이 좋다.

생각과 글쓰기

그런데 읽는 것만으론 충분치 못하다. 읽고 생각할 수 있어야 한다. 저자 생각을 무조건 받아들이는 대신 계속 의심하고 질문해야 한다. 그래야 실력이 는다. 읽기만 하고, 읽은 것을 생각해보지 않으면 성장하지 못한다.

생각은 연상이다. 책을 통해 자유롭게 상상의 나래를 펼칠수 있어야 한다. 어딘가에 얽매이지 않고 자유롭게 생각할수 있어야 한다. 이를 위해서는 온갖 일에 대해 일일이 생각하지 말아야 한다. 무슨 일이 벌어지거나 뭔가를 보았을 때일일이 이러쿵저러쿵 마음속으로 감상을 말하거나 평가하지않는 것이다.

최악은 걱정이다. 누군가를 걱정하는 사람은 마치 자신이그 사람을 깊이 사랑하고 보호해준다고 착각한다. 늦게 온가족을 기다리다 그 사람이 오면 우리는 "어디 갔었어? 계속걱정했잖아?"라며 화를 낸다. 나쁜 상황을 상상하고 걱정한걸 무슨 대단한 일이라도 한 걸로 착각한다. 절대 그렇지 않다. 영양가가 없는 일이다.

쓰면서 생각하면 좀더 생산적인 생각을 할 수 있다. 그냥생각만 하면 피곤하다. 머리에서 뱅뱅 돌다 아무 결론 없이끝나는 경우가 많다. 글을 쓰면 효과적으로 생각할 수 있다.쓰는 게 곧 생각하는 것이다.

메모처럼 종이에 짧은 문장이나 단어를 쓰고, 연관을 위한줄을 치면서 생각하는 것도 효과적이다. 메모한 것을 나중에다시 보면서 생각하는 것도 좋은 방법이다. 앉아서 생각하는대신 걸으면서 생각해도 좋다.

나이 들수록 공부가 어렵다는 얘길 많이 한다. 이유는 자명하다. 경험과 지식이 늘어날수록 고정관념도 늘고 이런 고정관념이 새로운 지식이나 사고의 흡수를 거부하기 때문이다. 하지만 많은 사람이 이를 자각하지 못한다.

실제 우리는 고정관념에 싸여 있고 고정관념을 근거로 판단한다. 고정관념을 다른 말로 바꾸면 상식, 관습, 인습, 미신, 착각, 편견, 선입관, 일방적 평가, 틀에 박힌 상상력 등이라 할 수 있다. 공부를 위해서는 새로운 것을 배우는 것만큼 기존의 것을 버리는 것이 중요하다.

사람은 언제 늙기 시작할까? 새로운 것에 대한 호기심이 사라지면서 늙기 시작한다. 호기심은 알고 있는 것과 알고 싶은 것 사이의 갭을 줄이고 싶을 때 생긴다. 알고 있는 게 있어야 알고 싶은 게 생긴다는 말이다. 공부를 하다 보면 자꾸 더 공부하고 싶은 게 생긴다. 쓸데없는 걱정에서 벗어나 공부 자체에서 재미와 의미를 찾을 수 있다. 그러면서 삶이 충만해진다. 삶이 무료하고 지루한가? 공부에서 탈출구를 찾아야 한다. 책이 우리를 구원할 수 있다.

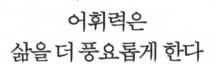

어휘력은
삶을 더 풍요롭게 한다

친구들 모임에서 일어난 일이다. 대학교 수인 친구가 다른 친구들에게 질문을 던졌다.

"얼마 후 어머니가 미수(米壽, 88세 생일)를 맞아. 가족들을 다 불러 잔치를 하고 장남인 내가 가족들 앞에서 축사를 하지 싶은데 마땅한 단어가 떠오르지 않아 큰일이야. 연세가 88세지만 아직 총명하고 똑똑하다는 그런 말을 하고 싶은데 어떤 말이 좋을까?"

그 말을 들은 한 친구가 "명정(明淨)이란 단어가 어때?" 하고 답했다. 나도 그랬지만 당사자 역시 그 단어가 딱 좋다고 이야기했다. 처음엔 귀 밝을 총에 밝을 명의 총명(聰明)이란 단어를 생각했는데 눈이 초롱초롱하고 귀가 밝은 똑똑한 사람에게 쓰는 말이라 왠지 윗사람에게 쓰기엔 적합하지 않다는 느낌이 들었단다. 그런데 명정이란 말은 비슷한 단어지만 뭔가 있어 보이고 윗사람에게 쓰기도 좋은 것 같다면서 대화 주제가 자연스럽게 어휘력으로 옮겨갔다.

내가 먼저 이야기를 꺼냈다. 대학 동창 모임이었기에 1975년도에 치른 서울대학교 국어시험 1번 문제가 뭔지 기억하느냐는 질문을 던졌다. 당연히 기억을 못했다. 오래전 일이지만 난 이상하게 1번 문제에 대한 기억이 생생하다. '만난 사람은 반드시 헤어진다.'라는 뜻의 사자성어를 묻는 문제였다. 난 자동으로 회자정리(會者定離)가 생각났고 기쁜 마음으로 답을 쓰면서 시험에 붙을 것이란 예감이 들었고 그 예감은 맞았다.

내가 '회자정리' 이야기를 하자 한 친구가 그 말의 반대말이 뭔지 아느냐고 질문했다. 아무도 답하지 못하자 그가 '거자필반(去者必反)'이라며 답을 알려주었다. '헤어진 사람은 반드시 돌아온다.'라는 뜻이란다. 다들 감탄했다.

이어 어휘에 관한 말들이 꼬리에 꼬리를 물었다. 그 친구는 원래 문과였는데 원하지 않는 공대를 다녔고 적성에 맞지 않은 탓에 많은 시간을 도서관에서 문학서적을 읽었단다. 군대를 다녀와서도 공대수업 대신 영문과에서 여러 학점을 땄다고 한다. 그래서인지 어휘력이 풍부했다.

내가 사회초년생이었을 때 외국인과 커뮤니케이션을 하다 'commitment'란 단어가 등장했는데, 그 단어가 정확하게 무슨 뜻인지 그 친구에게 물어본 적이 있다. 그때도 그 친구가 정확하게 의미를 설명해 감탄했었다. 그래서인지 그 친구와의 대화는 늘 즐겁다. 아는 것도 많고 표현도 남다르기 때문이다.

어휘(語彙)는 '말의 무리'라는 의미로 '단어의 총합'을 뜻한다. 어휘는 당연히 중요하다. 오랜만에 본 사람이 멋지게 달라졌을 때 당신은 어떻게 표현하겠는가? 어휘력이 빈약한 사람은 "이야!", "대박!", "대단한데!" 정도 수준의 말만을 반복할 것이다. 더 이상의 표현을 하고 싶어도 마땅히 쓸 단어가 없기 때문이다. 하지만 어휘력이 풍부한 사람은 "야, 이 친구 괄목상대할 만큼 달라졌는데"라고 할 것이다. 눈을 비비고 상대를 다시 본다는 의미다.

예전 일에 사로잡혀 앞으로 나가지 못하는 친구에겐 뭐라고 할 것인가? 나 같으면 "Let by gone, be by gone."이란 영어 격언을 말해줄 것 같다. 이는 비즈니스에서도 유리하다. 내가 아는 경영자는 외국 바이어와의 미팅에서 "자라보고 놀란 가슴 솥뚜껑보고 놀란다."는 걸 영어로 표현하고 싶어 했다. 그 바이어가 예전에 큰 물량을 사기로 했다 취소한 적이 있는데 이번에도 또 그런 일이 반복될까 두려워했기 때문이다. 우연히 옆에 있던 지인이 "Once bitten twice shy."가 어떠냐고 물어봤다. 예전에 한번 쓴맛을 본 경험이 있으면 두 번째 할 때 쭈뼛거리게 된다는 영어 격언이다. 딱 맞는 표현이었다.

인간의 역량은 표현력에 달려 있고 그걸 좌우하는 게 바로 어휘력이다. 어휘력이 풍부하다는 건 다양한 무기를 손에 쥔 것과 같다. 독서를 하면 자연스럽게 쓸 수 있는 단어의 숫자가 늘어나고, 그 단어에 대해 정확한 의미를 알 수 있고 이는 곧 사고의 확대로 이어진다. 사고가 확대되면 예전보다 많은 가능성이 있고 기회를 잡을 수 있다.

공부를 한다는 건 어떤 면에서는 어휘력을 넓이기 위한 방법이 아닐까? 현재 내 어휘력은 어느 수준일까? 어느 수준까지 올려야 할까? 이를 위한 최선의 방법은 무엇일까? 어휘력에 대해 여러분은 어떻게 생각하는가?

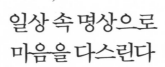

일상 속 명상으로
마음을 다스린다

기업이 갖고 있는 여러 문제점을 알아내고 이를 정리해주고, 미처 생각지 못한 이슈를 제기하고 진단하는 일이 컨설팅이다. 과정은 대부분 사람들을 만나 이야기를 듣는 것이다. 대충 듣는 것이 아니라 온몸과 마음을 다해 듣는 것이다.

왜 저런 이야기를 할까, 혹시 숨겨진 다른 의도가 있는 것은 아닐까, 그걸 알아내려면 무슨 질문을 던져야 할까…, 생각하며 들어서 엄청 많은 에너지가 소모된다. 몇 시간 인터뷰를 하고 나면 파김치가 된다.

고수의 학습법

기업인을 상대로 하는 강의 역시 많은 에너지를 필요로 한다. 그런 에너지와 새로운 생각을 보충하는 방법 중 하나는 명상과 기도다.

여러 종류의 사람을 만나고 다양한 일을 하기 위해 가장 필요한 건 마음을 조용히 가라앉히는 일이다. 이런 시간 없이 계속 분주하게 돌아다니다 보면 문득 내가 무슨 목적으로 이렇게 사는지 모를 때가 있다.

명상은 흙탕물을 가라앉히는 작업과 같다. 흐린 상태로 뭔가를 볼 수는 없다. 흙탕물이 가라앉아야 비로소 주변 사물을 제대로 볼 수 있다. 명상은 마음의 평화를 준다. 명상은 자기 성장을 위해 씨를 뿌리는 작업이다.

명상으로 하루를 시작하면 전혀 다른 하루가 된다. 하루 10분만이라도 조용한 명상 시간을 가지면 흐려졌던 마음이 맑아지고, 시끄러움과 번잡함에 묻혀 들리지 않던 영혼의 목소리를 들을 수 있다. 흔들림, 실수 그리고 그로 인한 당황함, 깜빡 잊음 같은 것으로부터 자유로워질 수 있다.

난 하루를 명상과 기도로 시작하고 마무리한다. 나름 좋은 습관이라고 생각한다. 새로운 하루에 감사하게 된다. 오늘 할 일과 만날 사람을 생각하고 준비하게 된다. 깜빡 잊은 건 없는지 살피게 된다. 그들을 위해 기도하게 된다. 하루의 마무리도 그렇다. 명상을 하면서 오늘 하루를 제대로 살았는지, 실수는 없었는지, 내일은 무엇을 할 것인지를 복습하게 된다. 기도는 자기반성이자 생각 정리다. 기도는 하루를 여는 아침의 열쇠이고, 하루를 마감하는 저녁의 빗장이다.

기도는 우리 번민이 무엇인지, 과연 고민할 만한 것인지, 고민해봐야 소용없는 일인지 깨닫게 해준다. 기도는 혼자가 아니라 누군가 너와 함께 있으니 안심하라는 위로를 준다. 무엇보다 기도는 우리로 하여금 행동하게 만든다. 기도의 달인은 인도의 간디다. 그는 다음과 같이 말한 바 있다.

"기도는 내 생명을 구했습니다. 나는 사적으로, 공적으로 비통한 경험을 한 적이 있습니다. 그로 인해 절망의 늪에 빠지기도 했지요. 하지만 절망의 늪에서 빠져 나올 수 있었던 것은 기도 때문이었습니다. 기도가 없었다면 미치고 말았을 겁니다. 고통 속을 헤맬 때 나는 저절로 기도하게 됩니다. 기원, 숭배, 기도는 결코 미신적인 행위가 아닙니다. 그것은 먹는 행위, 앉는 행위, 걷는 행위보다 더 현실적인 행위입니다. 마음에서 우러나오는 기도는 다른 것이 이룰 수 없는 것을 이뤄낼 수 있습니다."

고수의 학습법

인생의 묘미는 얼마나 소유했느냐, 어떤 위치에 올랐느냐에 달려 있지 않다. 그보다는 얼마나 많은 것으로부터 자유로운지에 달려 있다. 명상과 기도는 우리에게 자유로움을 준다. 그래서 기도와 명상을 많이 한 사람은 눈빛이 고요하고 형형하여 보는 것만으로도 사람에게 감동을 준다.

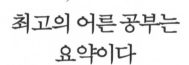

최고의 어른 공부는
요약이다

　　　　　사람을 처음 만났을 때 가장 먼저 명함을 교환한다. 명함은 그가 어떤 일을 하는 사람인지를 보여주는데, 명함만으로는 그가 어떤 사람인지 정확하게 알기 어렵다.

　그보다는 그가 시간을 어디에 많이 쓰는지, 누구를 만나는지를 봐야 그가 어떤 사람인지, 앞으로 어떻게 될지를 알 수 있다. 당신은 어디에 가장 많은 시간을 쓰고 있는가?

책을 요약하는 지식노동자

나는 요약하는 데 가장 많은 시간을 쓴다. 요약이 내 업이라
고도 말할 수 있다. 난 책을 요약하고, 상대가 한 말을 요약
하는 게 직업이다.

일단 책을 읽고 요약해서 세 군데에 책 소개를 한다. 세리
시이오에는 20년째 책을 요약해 이를 8분짜리 동영상으로
소개한다. 동아비즈니스리뷰는 6년째 글로만 요약을 한다.
A4 용지 5장쯤 된다. 교보의 북멘토는 매달 그 달에 나온 신
간 중 5권을 추천하고 내가 왜 이 책을 왜 추천하는지를 10줄
에서 15줄 정도로 소개한다.

책을 읽고 요약하는 일은 시간이 많이 든다. 일단 책 선정
을 해야 하는데 쉽지 않다. 나도 관심이 있어야 하고 독자들
도 관심이 있어야 한다. 재미만 있어도 안 되고 의미도 있고
깊이도 있어야 한다. 10권 읽으면 한 권 정도 소개할 만한 책
을 발견할 수 있다. 좋은 책은 서문만 읽어도 느낌이 온다.
그럴 때에는 관심 가는 부분을 보고 선정 여부를 결정한다.

그다음은 책을 읽는데, 앞부터 읽지 않고 관심 가는 분야
부터 뽑아 읽는 편이다. 포스트잇을 붙이기도 하고, 접기도
하고, 여기저기 표시도 하고, 줄도 치고, 떠오른 생각도 메
모한다. 거칠게 읽는 편이다. 그래서 난 도서관에서 책을 빌

리는 대신 반드시 산다.

그다음은 읽은 내용을 필사한다. 그냥 읽은 것은 기억하기 어렵다. 읽은 것 같지만 사실 읽은 것이 아니다. 나중에 보면 기억나는 부분이 거의 없다. 그 정도로는 누군가에게 책 내용을 설명할 수 없다. 그래서 나는 반드시 필사를 한다. 책의 주요 내용을 자판을 두드려 입력한다. 노동집약적이지만 그 과정에서 책을 다시 한 번 읽게 된다. 눈으로 읽는 것보다는 속도가 느리지만 '이 부분은 꼭 집어넣자.', '이 파트는 빼도 되겠다.', '이게 핵심이구나.' 하고 생각이 정리된다.

그다음은 필사한 것을 바탕으로 소개할 내용을 뽑아내고 필요 없는 건 버린다. 내가 제일 좋아하는 과정이다. 채소를 다듬거나 고기에서 쓸데없는 비계를 제거하는 과정과 비슷하다.

솎아내기가 끝나면 이제 슬슬 글 쓸 때가 됐다. 순서를 정하고 이를 논리적으로 연결한다. 순서에 따라 내용이 많이 달라지기 때문에 이 부분도 쉽지는 않다. 대충 얼개가 짜지면 여는 글과 마무리하는 글을 준비해야 한다. 이 역시 쉽지는 않다. 상상력을 발휘해야 하고, 내 생각을 집어넣어야 한다. 그냥 요약만 하는 건 재미없다. 거기에 대한 내 생각이 들어갈 때 글에서 빛이 난다.

고수의 학습법

말을 요약하는 지식노동자

또 글이 아닌 다른 사람의 말을 요약하는 일도 한다. 무슨 말인지 의아해할 수도 있다. 난 일방적인 강의는 잘하지 않는다. 질문하고 답변하는 식으로 강의를 한다. 독서토론회도 많이 진행하는데 책을 읽은 후 거기에 관한 사람들의 질문을 받으면서 이야기를 풀어간다.

무슨 이야기가 나올지 알 수 없다, 모든 사람이 명확하게 의사표현을 하는 것도 아니다. 말하는 것과 실제 물어보고 싶은 것이 다른 경우도 많다. 잠시라도 딴 생각을 하면 엉뚱한 답변을 할 수 있다. 그렇기 때문에 열심히 집중해서 들은 후 그들이 한 말을 요약하고 내가 한 요약이 맞는지 그들에게 확인한다. "그러니까 선생님이 하는 말씀이 이러이러한 것 맞지요?"라며 묻는다. 이어 내 생각을 이야기하면서 강의를 진행한다.

고개를 끄덕이는 공감만으론 부족하기 때문에 거기에 상대가 미처 생각하지 못한 부분, 상대와 다른 생각, 또 다른 질문을 던지는 것이다. 내가 가장 많이 하는 말은 "그게 무슨 말인가요? 좀더 설명해주시겠어요? 제 생각은 다릅니다. 이렇게 생각할 수도 있지 않을까요? 동의하지만 이런 부분도 있지 않을까요?" 같은 말이다. 그런 과정을 통해 상대가 미처 생각하지 못한 부분을 건드리고 그들의 머리에서 스파크가 튀게 해야 한다. 이 작업 역시 요약한 다음에 내 의견을 더하는 일이다.

일 잘하는 사람이 되고 싶은가? 효과적으로 일하고 싶은가? 가장 좋은 방법이 바로 요약이다. 줄이고 또 줄여 액기스만 남기는 것이다. 책을 제대로 읽었다는 걸 어떻게 증명할 수 있는가? 책 내용을 한마디로 줄일 수 있다면 제대로 읽은 것이다. 강연을 완벽하게 이해했다는 걸 어떻게 알 수 있는가? 강연 내용을 한마디로 줄일 수 있으면 된다. 요약은 최고의 공부다.

독해력과 요약력이
공부의 핵심이다

고영성·신영준, 《완벽한 공부법》 요약 노트

기술의 발전 속도가 빨라지면서 지식의 유통기한도 짧아지고 있다. 예전에는 대학에서 배운 알량한 지식으로 평생을 먹고살았지만 더 이상 아니다. 계속해서 자신의 지식을 업그레이드하지 않으면 생존 자체가 힘들다. 예를 들어 블록체인 기술 같은 것은 대학에서 가르치지 않는다. 자신이 알아서 공부하고 이를 현업에 적용할 수 있어야 한다.

앞으로는 좋은 대학을 나왔느냐보다 스스로 공부할 수 있는 능력을 가졌느냐가 중요해진다. 무엇보다 효과적인 공부 방법이 필수적이다. 이와 관련하여 《완벽한 공부법》을 소개한다. 나를 모르면 공부도 없다. EBS에서 상위 0.1% 학생을 대상으로 '학업성취도와 기억력의 상관관계'를 테스트했다. 그들은 인지능력이 좋았다. 기억력이 좋은 게 아니라 자신이 어떤 사람인지, 어떤 수준인지를 잘 알고 있다.

학원을 무조건 가는 게 아니라 부족한 점을 보완하기 위해 간다. 보통 학원에서 강의를 들을 때는 다 안다고 생각하지만 막상 직접 문제를 풀려고 하면 풀지 못한다. 공부 잘하는 아이들에겐 혼자 공부하는 시간이 필수적이다. 하위권 아이들은 다르다. 열심히 학원은 다니지만 실력이 늘지 않는다. 자기만의 시간을 갖지 못하기 때문이다. 학원에 다니는 목적도 공부보다는 불안감을 없애기 위해 다니는 경우가 많다.

자신을 인지하는 것이 메타인지다. 메타인지를 높이기 위한 실천계획으로 다음을 체크해본다.

내용을 제대로 이해하지 못했을 때 그 부분을 다시 세심하게 읽는가? 짧은 단락을 읽고 난 뒤 방금 읽은 내용을 자기 말로 요약해 보는가? 책을 읽을 때 요약 정리된 부분이나 연습문제를 꼭 푸는가? 책에 나온 아이디어를 서로 연계시켜 보려고 하는가? 모르는 용어가 나왔을 때 사전이나 검색을 하는가? 시험공부를 할 때 어렵다고 생각하는 부분에는 더 많은 시간을 할애하는가? 읽은 자료들의 필요성에 대해 평가하고 적절히 분류해서 정리하는가?

메타인지를 높이는 세 가지 방법이 있다. 첫째, 학습전략을 배운다. 책을 읽으면 좋아진다. 둘째, 자기실력을 객관적으로 파악하는 피드백을 경험한다. 연습문제를 풀고, 내용을 요약하고, 다른 사람을 가르쳐본다. 셋째, 인지과정을 알면 메타인지는 올라간다. 메타인지는 나의 인지과정에 대한

고수의 학습법

인지능력이다.

공부를 잘하기 위해서는 한계를 알아야 한다. 주제 파악을 할 수 있어야 한다. 그런데 인간은 자주 착각을 한다. 첫째, 기억력 착각이다. 기억은 믿을 게 못 된다. 자신의 기억을 의심해야 한다. 둘째, 자신이 세상을 제대로 보고 있다고 믿는다. 셋째, 사후해석 편향이다. 어떤 일이 벌어지기 전에는 잘 몰랐으면서 일이 벌어지고 난 후 '내 그럴 줄 알았지.'라고 생각한다. 넷째, 계획 오류다. 자신의 실행력에 대한 과대평가다. 다섯째, 정서 예측 오류다. 자신의 미래감정을 잘못 예측하는 것이다. 행복감은 오래가지 않는다. 슬픔도 그렇다. 이 외에도 어떤 항목이든 자신을 평균 이상이라고 생각하는 것, 자신의 처음 주장을 지지하는 근거만을 찾는 확증 편향, 내 기여도를 과장하는 가용성 편향, 권위자의 말이라면 자신의 생각도 기꺼이 바꾸는 권위자 편향도 문제를 일으킨다.

기억력은 타고나는 것이 아니다. 강의 듣기와 반복해서 듣는 것은 학습에 별 소용이 없다. 강의를 들을 때는 뇌가 적극적으로 활동하지 않는다. 학원을 다니는 것만으로는 공부를 잘할 수 없다. 그렇다면 어떻게 해야 기억을 잘할 수 있을까?

시험을 자주 보면 된다. 성적에 가장 도움이 되는 것은 퀴즈다. 시험을 통해 내가 무엇을 알고 무엇을 모르는지를 객관적으로 확인할 수 있기 때문이다. 특히 시험을 본 후 오답노트를 따로 정리하는 것은 시험 성적을 올리는 데 큰 역할을 한다. 반복 읽기와 달리 공부한 내용을 인출하기 때문이다. 이게 가장 중요하다. 배운 것을 스스로 끄집어낼 수 있어야 한다.

자신이 아는 것을 꺼내보는 인출은 장기기억으로 가는 최선의 길이다. 인출은 시험을 비롯해 암송, 요약, 토론, 발표, 관련 글을 쓰는 것이다. 공부한 내용을 어떻게 하든 밖으로 표출해보는 것이다. 매우 힘든 작업이다. 하지만 이렇게 고된 작업을 할 때 뇌는 변하고 장기기억이 만들어진다. 책이나 글로 썼던 내용, 강의했던 내용, 팟캐스트 방송으로 토론했던 내용, 상담했던 내용 등은 어떤 상황에서도 청산유수처럼 설명할 수 있다. 이게 인출의 힘이다. 인출, 시험, 암송, 토론, 요약, 글쓰기, 발표 등은 장기기억에 매우 탁월한 공부법이다.

성공적인 목표 설정은 따로 있다. 상담에서 압도적 1위를 차지하는 것이 '무엇을 해야 좋을지 모르겠다.'라는 고민이다. 무슨 일이든 목표가 중요하다. 행복을 위해서도 그렇다. 목표는 현재 무엇을 해야 하는지 알려주고 가장 강력한 동기부여 수단이 되기 때문이다. 목표가 있어야 현재 모습을 구체적으로 볼 수 있다. 목표가 없으면 현재 위치도 알기 어렵다.

목표에는 성장 목표와 증명 목표가 있다. 성장 목표를 가진 사람은 공부 그 자체에 가치를 둔다. 자기가 성장하는 것이 목표다. 증명 목표는 자기 능력을 주변 사람들에게 입증하는 것이 목표다. 성장목표의 비중이 높은 것이 낫다.

성장의 핵심은 홀로 공부하는 것이다. 스스로 부딪치는 시간이 있어야 한다. 엄청난 시간을 투자하지 않고 비범한 능력을 개발한 사람은 없다. 재능보다 근면성이 더 중요하다. 이를 위해서는 자제력이 필요하다.

근육을 키우는 것처럼 자제력 또한 훈련을 통해 키울 수 있다. 에릭슨이 제한한 의식적인 연습의 7가지 특징이 있다. 첫째, 체계적인 방법으로 연습 한다. 둘째, 자기 능력보다 어려운 작업을 지속적으로 한다. 책을 읽었다면 서평을 쓰고, 토론하고 발표를 한다. 셋째, 구체적이고 명확한 목표로 연습한다. 넷째, 신중하고 계획적으로 연습한다. 스스로 자신을 모니터링하면서 자신에게 맞는 방법을 찾는다. 다섯째, 기초를 충실하게 마스터한다. 여섯째, 심성모형을 만들어내는 한편 거기에 의존한다. 집중하고 피드백 받고 수정한다. 일곱째, 피드백에 따라 행동을 변경한다.

공부에는 말하기와 글쓰기가 중요한데 이 둘은 다르다. 말로 하는 어휘는 빠르게 늘지만, 글자를 외우는 속도는 늦다. 아이의 뇌 발달 특성 때문이다. 6세 이전의 아이는 듣는 것은 잘하지만, 글자인식은 제대로 못한다. 듣는 데는 천재 읽는 데는 바보인 셈이다. 아이가 7세가 되면 비로소 문자 인식을 무리 없이 할 수 있다. 아이에게 너무 일찍 한글교육을 하면 부작용이 있을 수 있다. 아이들은 집중하기 힘들다. 그렇기 때문에 아이가 책을 읽는 것이 아니라 부모가 책을 읽어주는 것이 낫다. 아이의 독서력은 글자를 언제 배웠느냐보다 아이의 머릿속에 얼마나 많은 문장과 어휘가 들어 있느냐가 중요하다. 무리하게 읽히면 애들은 감정이 상해 독서를 싫어하게 된다.

몸은 공부의 길을 안다. 공부에는 운동과 휴식이 중요하다. 최고의 공부 전략은 운동이다. 운동은 뇌를 튼튼하게 만들어 공부 효율을 올려준다. 1995년 칼 코트만 교수는 운동할 때 신경세포에서 생산되는 단백질 뇌유래 신경영양인자(BDNF, Brain-derivative neurotrophic factor)가 증가한다는 것을 발견했다. 이 물질은 뇌의 시냅스 근처에 있는 저장소에 모여 있다가 혈액이 펌프질할 때 분비되는 단백질로서 새로운 신경세포를 생성하고 기존 신경세포를 보호하며 시냅스의 연결을 촉진하는 그야말로 뇌의 가소성에 핵심적 역할을 한다.

운동할 때 생겨나는 신경세포들은 다른 신경세포를 자극함으로써 장기상승작용을 돕는다. 장기상승작용은 학습과 기억의 토대를 형성하는 주요 세포메커니즘의 하나다.

이외에도 운동을 하면 세로토닌, 도파민, 노르에피테프린의 생성을 돕는다. 뇌 건강에 가장 도움이 되는 건 근육운동보다 유산소운동인 것이다. 운동의 최적 시기는 공부하기 전이다. 왜냐하면 운동 중에는 인지능력의 최상위역할을 하는 전전두엽에 혈류량이 많지 않아 집중도 있는 공부가 잘 안된다. 하지만 운동을 끝내면 즉시 전전두엽에 혈류량이 많아지면서 학습을 위한 최상의 상태에 돌입한다. 수면도 최고의 공부전략이다. 양질의 수면은 기억력을 15% 정도 올려준다. 초등학생은 9~12시간, 중고생은 8~10시간 정도를 권한다.

창의성은 배울 수 있다. 창의성은 사물을 잇는다. 이를 위해서는 연결할 재료가 많아야 한다. 경험과 지식, 밑천이 많아야 한다. 1901년부터 2005년까지 노벨상을 받은 과학자의 취미를 조사했는데 전문성 측면에선 별 차이가 없었지만 명백하게 다른 점이 있었다. 이들은 예술을 즐겼다. 악기연주, 작곡, 지휘 등 취미를 가질 확률은 2배, 미술은 7배, 공예는 7.5배, 글쓰기는 12배, 공연은 무려 22배나 높았다. 최고의 과학자는 예술가인 것이다.

구글은 'Talk at Google'을 운영한다. 작가, 과학자, 기업가, 배우, 정치인, 다양한 분야의 인물을 초빙해 그 사람의 이야기를 듣는다. 이미 2,000명이 다녀갔다. 다른 분야 사람의 이야기를 들음으로써 낯선 경험을 축적한다.

창의적이 되고 싶으면 낯선 경험을 해야 한다. 이를 위해 네 가지를 권장한다. 첫째, 전문분야와 다른 분야의 취미를 가지라. 특히 다양한 예술활동이다. 둘째, 해외여행을 하라. 이질적인 문화를 몸소 체험하는 것이 중요하다. 완전히 다른 관점으로 세상을 바라보고 낯설게 하는 경험을 하라. 셋째, 다양한 분야의 사람을 만나라. 넷째, 다양한 책을 읽어라.

독서는 모든 공부의 기초다. 《서울대에서는 누가 A를 받는가》는 이혜정 소장이 쓴 책이다. 성적 우수자들의 공부법을 연구해 성적을 올리자는 목적으로 집필을 시작했다. 이들의 비결은 노트필기다. 교수의 말을 요약하는 것이 아니라 토씨 하나 빼지 않고 적는 것이다. 교수의 말 자체가 정답이고 그 정답을 잘 알고 있는 자가 좋은 성적을 받는다. 전혀 바람직하지 않다. 당연히 질문하지 않는다. 질문이 없다는 것은 지적 호기심이 빈약하다는 것이다.

지적 호기심이 강한 사람은 아마존을 탐험하는 것과 같고, 그게 없는 사람의 여행은 삭막한 사막을 걷는 것과 같다. 공

고수의 학습법

부가 재미없다. 현상에 대한 의문이 없다. 의문이 없다는 건 비판적 사고의 결여를 뜻한다. 호기심이란 정보간극에 대한 반응이다. 이미 알고 있는 것과 알고 싶어 하는 것 사이의 간극이 있을 때 호기심이 생긴다. 이 간극은 질문의 형태로 나타난다.

지적 호기심을 갖고 "왜?"라는 질문을 하려면 그 분야에 대한 일정 지식이 있어야 한다. 지식을 얻을 수 있는 가장 보편적 방법은 바로 독서다. 독서로 얻은 다양한 지식은 아이러니하게도 지식의 공백을 만들어 지적 호기심을 키운다.

세상사를 다 파악했다고 확신하는 사람은 무지한 사람이다. 무지한 사람일수록 세상을 잘 안다고 생각한다. 여기에는 두 부류가 있다. 독서를 하지 않아 교양이 부족한 사람과 독서는 하되 자신의 전문분야만 읽는 사람이다. 한 사람은 무식해서, 다른 한 사람은 편협해서 확신으로 가득 차 있다. 둘 다 독서를 통해 치유할 수 있다. 책을 읽다 보면 다양한 생각과 주장들이 충돌한다는 것을 알게 된다. 충돌 속에서 비판적 사고라는 무기를 얻게 된다. 비판적 사고는 증거에 근거해 결론을 내리는 개인의 능력과 경향을 포함한다. 독서를 통해 얻는 지적 보물이다.

문해력은 복잡한 텍스트를 읽고 그를 해석하고 평가하는

능력이다. 한마디로 독서능력이다. 문해력과 사회경제적 지위는 비례한다. 연봉이 높은 일은 일의 대부분은 텍스트로 구성되어 있다. 자료를 읽고 해석하고 자료를 작성하고 자료로 보고하고 의사결정을 한다.

문해력 1등급은 아주 낮은 수준이다. 문해력 2등급은 둘 이상의 정보를 통합할 수 있고, 비교대조하거나 간단한 추리 혹은 추론을 할 수 있다. 3등급은 여러 페이지에 걸친 난해하고 긴 문장을 이해할 수 있다. 텍스트의 구조를 이해하고 여기에 구사한 수사법을 간파하고 해석할 수 있으며 여러 곳에서 정보를 얻고 해석하여 적절한 추론을 할 수 있다. 4등급은 복잡하거나 긴 텍스트에서 여러 단계에 걸쳐 체계적으로 정보를 조합·해석·축적할 수 있다. 텍스트의 배경에 깔린 주장을 해석하거나 평가할 수 있으며, 이를 적용하여 복잡한 추론이나 설득을 할 수 있다. 5등급은 다양한 분야를 어우르는 어려운 텍스트에서 정보를 찾고 축적할 수 있다. 핵심 아이디어를 추려내고 분류하고 재구성할 수 있으며 증거와 논거에 기반을 두어 평가할 수 있다. 논리적이며 개념적인 모형을 수립할 수 있으며 텍스트에서 핵심정보를 추출하고 객관적으로 신뢰도와 타당성을 평가할 수 있다.

현재 한국의 평균은 2등급이다. 한국의 성인은 좀 복잡

고수의 학습법

한 문장을 제대로 이해하지도 평가하지도 못한다는 말이다. 그래서 토론을 못한다. 토론을 위해서는 3등급 이상은 되어야 한다. 토론이 약한 이유는 문해력이 약하기 때문이다. OECD 평균은 3.5등급이다. 문해력은 생산성에 지대한 영향을 미친다. 해결방법은 오직 독서뿐이다.

우선 많이 읽어야 한다. 우리 뇌는 말에는 자연스럽게 반응하지만, 글을 읽는 것은 그렇지 않다. 독서는 뇌의 다양한 정보원, 시각과 청각, 언어와 개념영역을 기억과 감정의 부분과 연결하고 통합하는 매우 복잡한 과정이다. 독서를 할 때는 뇌를 풀가동해야 한다. 부담스런 행위다. 애초부터 독서하는 뇌, 독서에 적합한 뇌는 없다. 독서를 하면서 뇌가 변하는 것이다.

초보 독서가에게 깊은 정독은 불가능하다. 십중팔구 중간에 포기한다. 먼저 책과 친해지고 독서에 습관을 들여야 한다. 다른 생각은 하지 말고 그냥 편하게 읽는 것이 중요하다. 그러면서 서서히 책 읽기가 편해진다. 다독이 먼저이고 그 이후가 정독이다. 다독에는 계독과 남독이 있다. 계독은 한 분야의 계보에 따라 책을 읽는 것이고 남독은 다양한 책을 읽는 것이다.

처음에는 계독을 추천한다. 관심 있는 분야 혹은 일과 관련된 분야의 책을 최소 50~200권 읽어보는 것이다. 이는 하는 일에 직접적 도움이 된다. 전문가를 비평할 정도의 실력을 갖추게 된다. 그런데 한 분야의 책만 읽으면 편협해질 수 있다. 그래서 그다음에 남독이 필요하다. 다양한 책을 읽으면 비판적 사고를 할 수 있다.

관독은 하나의 관점을 갖고 읽는 것이다. 서평에 관점을 두고 읽는 것이다. 공부법 책을 쓰려는 관점으로 다른 책을 보면 그전에는 의미 없이 넘겼던 내용과 이론들이 공부법과 연계된다. 특정 관점을 갖고 세상을 보면 잃는 것도 있지만 진짜 중요한 것도 얻게 된다.

만독은 느리게 읽는 것이고, 재독은 다시 읽는 것이다. 낭독은 소리 내어 읽는 독서법이다. 낭독을 하게 되면 그 글이 말이 되는지 안 되는지 알 수 있다. 그래서 낭독은 퇴고에 매우 유용하다. 중요한 이메일을 보내거나 글을 제출할 때 마지막에 낭독을 해보면 도움이 된다. 글의 마무리 투수는 낭독이다.

공부의 핵심 두 가지는 독해력과 요약능력이다. 독해력이 부족하면 업무파악이 잘 안 된다. 요약능력이 부족하면 보고하고 소통하는 것이 힘들다. 두 가지 능력을 올리는 방법이 바로 독서다. 독서에 취미가 붙은 사람은 업무와 생활 모두에서 긍정적인 성장을 가져오며 정보습득력을 높여준다.

책을 읽으면 주변 사람들에게 건설적으로 해줄 이야기가 많다. 난 15년 넘게 세리시이오에서 책 소개를 하고 있다. 직업상 책을 읽고 요약할 수밖에 없는 직업이다. 많은 책을 읽으면서 뇌가 변하는 것을 느끼고 있다. 그래서 더욱《완벽한 공부법》에 공감했다. 미래는 공부하는 사람만이 살아남는다.

5장

배움을 탐닉하는
지식주의자

가르칠 수는 없어도
배울 수는 있다

초밥 만드는 걸 어떻게 배울 수 있을까? 말로 설명을 할까? 아니면 야단을 칠까? 어떻게 하는 것이 가장 잘 배우는 방법일까? 오노 지로(小野二郎)는 일본 최고의 초밥 명인이다. 그가 경영하는 '스키야바시지로'는 미슐랭 별 3개를 받은 일본 최고의 초밥집이다. 동업자들도 그의 비법을 신의 영역이라고 극찬한다.

그들의 교육방법은 한마디로 '아무것도 가르치지 않는 것'이다. 선배가 하나하나 가르쳐주는 게 아니라 스스로 알아서 배우도록 한다. 선배의 손놀림이나 일하는 자세를 보고 있으면 기술은 물론 말로 표현할 수 없는 감각까지도 알게 된다. 초밥 만드는 기술을 배우는 데 20년이란 시간이 필요하지 않지만 자세나 정신까지 배우는 데 20년이 필요하다.

성실과 정직을 가르칠 수 있는가? 경청하고 사람 존중하는 법을 어떻게 가르치는가? 리더십도 가르칠 수 없다. 그런 면에서 임원과 팀장을 대상으로 하는 리더십 교육에는 한계가 있다.

뭐를 배우고 싶은가? 그걸 배우는 최선의 방법이 뭐라고 생각하는가? 난 필요성에 대한 간절함이 우선이라고 생각한다. 배우려는 마음이 있으면 말하지 않아도 배울 수 있지만 배우려는 마음이 없으면 백날을 끼고 앉아 가르쳐도 배울 수 없다. 배움은 가르침에서 오지 않는다. 대부분의 중요한 진리를 가르칠 수 없지만 배울 수는 있다. 그런 면에서 난 불언지교(不言之敎)란 말을 좋아한다. 말은 하지 않지만 가르치는 것을 의미한다.

대표적인 것이 가정교육이다. 부모가 하는 걸 보면서 자식들은 자연스럽게 부모 행동을 모방한다. 학습의 첫 단계는 모방이다. 부모가 이웃에게 베풀면 자식도 베풀고, 부모가 인색하면 자식 또한 짠돌이와 짠순이가 된다.

그런 면에서 최고의 교육은 말은 하지 않지만 배우게 만드

　　　　　　　　　　　　고수의 학습법

는 것이고, 최악의 교육은 목이 아프도록 가르쳤지만 전혀 배우지 못하거나 배우지 않는 것이다. 가르치는 것과 배우는 것은 완전 다른 장르의 일이다.

요즘 젊은 엄마들을 대상으로 독서토론회를 진행하고 있는데 그들의 최대 관심사는 육아와 교육이다. 내게 가장 많이 하는 질문이 애를 어떻게 키웠냐는 것이다. 난 솔직히 할 말이 없다. 우리 부부는 거의 잔소리를 하지 않았다. 무얼 하라고 한 적도 없고 하지 말라고 한 적도 없는 것 같다. 예전에도 그랬고 지금도 그렇다.

그래도 제법 반듯하게 성장해 결혼하고 사회생활을 잘하고 있다. 일찍 자고 일찍 일어나고, 주기적으로 운동하고, 음식을 절제하고, 늘 책을 끼고 살고, 남의 말을 잘 듣고 자기 생각을 잘 표현하고, 다른 사람들에게도 잘 베푼다. 최대 장점은 좋은 습관을 갖고 있다.

어떻게 살라고 가르칠 수는 없다. 하지만 어떻게 살지는 배울 수 있다. 최고의 교육은 행동으로 보여주는 것이고 최악의 교육은 본인은 엉망으로 살면서 말로 가르치려 하는 것이다.

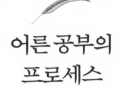

어른 공부의
프로세스

맥도날드는 세계 최고의 햄버거 체인인
데 맛보다 맛을 재현하는 프로세스 덕분에 성공했다. 음식을
잘하는 것과 음식을 대량으로 만들고 재현하는 일은 다르다.

공부도 그렇다. 무슨 공부를 하느냐 만큼 그 공부를 어떤
프로세스로 효과적으로 하느냐가 중요하다. 핵심은 공부의
프로세스다.

프로세스가 있으면 공부의 생산성을 올릴 수 있다. 같은
시간을 투자해 훨씬 뛰어난 성과를 얻을 수 있다. 학생이나
큰 시험을 앞둔 사람들이 점검해볼 일이다.

고수의 학습법

자신에게 맞는 공부법

지인 중 한 사람은 스스로를 '2차 인생'이라고 부른다. 중학교시험을 떨어져 2차로 갔고, 고등학교시험을 또 떨어져 2차를 갔고, 대학도 떨어져 2차 대학을 들어갔기 때문이다. 그는 자신이 왜 번번이 시험에 떨어지는지를 고민한 후 이런 결론을 내렸다.

"내가 가진 문제는 문제를 완전히 이해하지 못한 것이다. 그래서 조금만 응용하거나 비틀면 힘을 쓰지 못한다. 앞으론 문제를 완벽하게 이해해야 하고 이를 위해서는 문제를 그냥 푸는 것보다는 문제에 대해 생각하는 힘을 길러야 한다."

그래서 공부방법을 바꾼 후 대학 3학년 때 행정고시에 붙는 성과를 낸다. 그가 소개한 방법은 이렇다.

"생각하는 힘을 기르기 위해서는 잘 몰라도 우선 문제에 도전한다. 기초지식이 없고 그런 것에 대한 공부한 적이 없어도 일단 부딪쳐본다. 운이 좋아 간혹 문제를 푸는 경우도 있지만 대부분은 풀지 못한다. 풀지는 못했어도 그 문제에 대해 많이 생각하고 궁리를 했기 때문에 나름 논리와 생각이 있다. 그런 상태에서 답안을 보거나 아는 친구에게 묻거나 추가적인 공부를 한다. 그럼 어느 순간 눈앞이 환해진다. 그렇게 도전해 푼 문제는 절대 잊지 않는다."

한마디로 먼저 생각하고 나중에 답을 봄으로써 생각의 힘을 기른다는 것이다. 대부분의 사람들은 반대로 한다. 고민하는 대신 우선 설명을 듣고 문제를 푸는 데 주력한다.

갑자기 먹는 밥은 체할 수 있다. 갑자기 하는 공부 역시 무리일 수 있다. 공부에는 순서가 필요한데 이에 관한 말이 '순서이점진 숙독이정사(循序而漸進 熟讀而精思)'다. 송나라 주희가 한 말인데 순서를 밟아 점진적으로 나아가고 깊이 읽고 자세히 생각하라는 말이다. 덧셈뺄셈도 못하는 사람이 미분과 적분을 할 수는 없다. 순서와 절차를 무시하고 높은 차원의 책부터 고르면 그 뜻을 이해하기 어렵고 공부에 흥미를 잃기 쉽다. 그렇기 때문에 먼저 기초와 근본을 튼튼히 하고 깊이 읽고 자세히 생각해야 한다.

책을 읽었다면 그 내용을 되새기며 자기만의 답을 찾아야 한다. 낮에 읽었다면 반드시 밤에는 생각하는 시간을 가져야 한다. 지식이 머릿속에 많아도 그것을 하나로 정리하지 못하면 안 된다. 정곡을 찔러야 한다.

두텁게 쌓는다는 것은 넓게 보는 것에 대한 보완이다. 넓게만 보고 두텁게 쌓지 못하면 가벼운 학문이 될 가능성이 있다. 여기서는 순서가 중요하다. 넓게 파는 것이 먼저다. 넓게 파야 깊게 팔 수 있다.

고수의 학습법

내 공부 프로세스의 마지막

내가 생각하는 공부의 최종 목적지는 '공부한 걸 책으로 내는 것'이다. 그런데 책을 쓸 때에도 프로세스가 필요하다. 아는 것이 많다고 책을 쓸 수 있는 건 아니다. 아는 것과 아는 걸 책으로 엮어내는 것은 완전 다른 이야기다.

책을 내기 위한 내 나름의 프로세스는 이렇다. 우선, 관심 이슈가 생기면 관련해 공부를 한다. 자료도 모으고, 신문이나 잡지에서 정보가 보일 때마다 입력을 한다. 관련 책을 수십 권 사 모은다. 전문가를 만나 그들에게 온갖 종류의 질문을 던진다. 일정 지식이 모아지고 거기에 대한 내 생각이 만들어지고 정리되면 가족이나 주변 사람들에게 조금씩 이야기를 시작한다.

구술은 중요한 공부방법이다. 인문학자 고미숙은 "구술은 어떤 상황이나 문맥을 서사적으로 재현하는 능력이다. 책이나 영화, 기타 다른 자료를 접한 다음, 그걸 재현해보면 그 학생의 지적 수준이 그대로 드러난다. 아는 만큼 보이고 보이는 만큼 말할 수 있기 때문이다. 말하기를 훈련하면 보는 것과 아는 것의 지평을 넓힐 수 있다. 지식이란 정보의 흐름을 어떤 식으로든 절단, 채취해야만 앎으로 변환된다."라고 주장했는데 정말 그런 것 같다.

구술 다음은 부담 없는 곳에서 이를 주제로 강의를 해본다. 하다 보면 느낌이 온다. 씨알이 먹히는 부분도 있고 그렇지 않은 부분도 있다. 여러 번 강의하면 콘텐츠가 다듬어지는 걸 느낄 수 있다. 이를 글로 옮기기 시작한다.

말로 여러 번 반복했기 때문에 글을 쓰는 건 어렵지 않다. 쓰다 보면 생각이 다듬어지고, 내가 부족한 부분을 발견할 수 있다. 부족한 부분은 또다시 채우면서 점차 지식이 정교해진다. 그런 과정을 거쳐 책을 만들고 이 책을 갖고 다시 강의를 한다. 그럼 수많은 사람들이 피드백을 한다. 잘못된 부분에 대한 피드백도 하고 추가로 좋은 정보도 준다. 그 분야에 대해 일정 경지에 오른다.

도전과 목표 그리고 공부

무언가에 도전할 때 너무 목표를 높게 잡으면 안 된다. 처음부터 완벽한 그 무엇을 노리면 실망하게 된다. 노린다고 되는 것도 아니다. 세상에 그런 일은 일어나지 않는다. 난 우선 60점짜리를 목표로 만들고 도전한다.

일본의 영화음악가 히사이시 조도 그렇게 일을 한다. 그는 핵심을 파악한 뒤 가장 중요한 일부터 처리한다. 한 곡씩 완벽하게 만든 후 다음 단계로 넘어가는 게 아니라 한 곡의 윤

고수의 학습법

곽이 어느 정도 잡히면 일부러 완성하지 않고 다음 곡으로 넘어간다. 전체 모습이 어느 정도 보이면 처음부터 다시 한 곡씩 작업을 한다. 그런 과정을 초기, 중기, 후기, 마무리까지 몇 단계에 걸쳐 반복한다. 한 곡 한 곡 심혈을 기울여 작곡한 후 다음 단계로 넘어가는 것과는 차이가 난다.

작업 순서 다음으로 중요한 것은 어디에서 손을 떼느냐다. 시간이 많다고 해서 좋은 작품이 나오는 것은 아니다. 오히려 기한이 정해져 있는 것이 창작하는 사람에겐 좋다. 직장생활을 할 때도 마찬가지다. 차일피일 미루는 사람치고 업무성과가 높은 사람은 없다. 스스로 마감시간을 정해놓고 일할 때 업무 효율도 높아진다.

내가 좋아하는 무라카미 하루키도 프로세스를 중시한다. 그가 장편을 쓸 때 어떻게 하는지 《직업으로서의 소설가》에 나온다.

예술가는 마음대로 살 것 같지만 사실 그렇지 않다. 규칙성과 프로세스가 중요하다. 특히 장편소설을 쓸 때는 더욱 그렇다. 그는 타임카드 찍듯 하루에 정확하게 20매를 쓴다. 더 쓸 수 있어도 더 이상 쓰지 않고 딱 그만큼만 쓴다. 그래야 규칙성이 생긴다. 그럼 한 달에 600매, 반년이면 3,600매가 되어서 대충 한 권의 소설이 된다.

잠시 숨을 고른 후에는 고쳐 쓰기에 들어간다. 크게 전체적으로 손을 본다. 앞뒤가 맞지 않는 부분, 등장인물 성격이 왔다 갔다 하는 경우, 시간 설정상 오류 등을 고친다. 어느 부분은 빼고 어떤 부분은 늘리고 새로운 에피소드를 넣기도 한다.

일주일쯤 쉬었다 두 번째 고쳐 쓰기에 들어간다. 대수술은 아니고 세세한 부분을 살펴보면서 꼼꼼하게 고친다. 풍경묘사를 세밀하게 넣거나 말투를 고친다. 잘 안 읽히는 부분을 쉽게 풀기도 하고 흐름을 원활하게도 한다. 세세하게 다듬는 작업이다.

그다음 세 번째 고쳐 쓰기에 들어간다. 수술이라기보다 수정에 가깝다. 어느 부분의 나사를 단단히 조일지, 어떤 부분의 나사를 헐렁하게 할지를 결정한다.

어느 정도 된 후 한 차례 긴 휴식을 갖는다. 보름에서 한 달쯤 서랍 속에 넣고 잊어버린다. 장편소설을 쓸 때는 아무것도 하지 않는 시간도 중요하다. 건축현장의 양생 같은 기간이다. 소재를 재워두는 것이다.

다음은 제삼자의 피드백을 받는다. 하루키의 경우, 아내가 그 역할을 한다. 아내의 의견은 음악의 기준음 같은 것이다. 피드백에는 한 가지 규칙이 있다. 트집 잡힌 부분이 있으면

고수의 학습법

어찌됐건 고친다는 것이다. 고친 다음에 읽어보면 대부분 이전보다 좋아진다. 어떤 문장이든 반드시 개량의 여지가 있는 것이다. 그래서 퇴고단계에서는 자존심이나 자부심 따위는 내던지고 달아오른 머리를 식히려고 노력한다. 아무튼 고쳐 쓰는 데는 가능한 한 많은 시간을 들인다. 주위 사람들의 충고에 귀를 기울이고 그것을 염두에 두고 참고하며 고쳐나간다. 조언은 중요하다. 장편소설을 다 쓰고 난 작가는 대부분 흥분 상태로 뇌가 달아올라 반쯤 제정신이 아니기 때문이다.

흔히 일을 할 때 왜 하는지, 무엇을 하는지가 중요하다는 얘길 많이 한다. 내가 이 일을 왜 하는지 알고 일을 하는 것과 그냥 하는 것은 차이가 크다. 무엇을 하는지 역시 왜 하는지 못지않게 중요하다. 무엇을 하는지 명확해야 무엇을 하지 말아야 할지도 안다. 그런데 난 어떻게 하느냐도 중요하다고 생각한다. 프로세스가 없으면 '왜 해야 하는지', '무엇을 하는지'도 명확해지지 않기 때문이다. 공부도 그러하다.

정보의 정리정돈에
필요한 필터

얼마 전 비싼 돈을 내고 5일간 강점코칭 교육을 받았는데 내 강점은 다섯 가지란다. 최상화, 수집, 학습, 공감, 실행력이 그것이다. 최상화는 끝까지 밀어붙이는 것, 수집은 다양한 정보를 모으는 것, 러너는 배우는 걸 좋아하는 것, 공감은 글자 그대로 공감하는 것, 실행력은 민첩하고 하기로 한 걸 빨리빨리 시작하는 것 등을 뜻한다. 그중 세 가지가 내 직업인 글쓰기에 도움이 되는 것 같다.

정보의 수집과 양

난 뭔가 관심이 생기면 가장 먼저 정보와 자료를 수집하기 시작한다. 또 배우는 걸 좋아한다. 일정한 양이 되고 어느 정도 자신감이 생기면 이 정보를 바탕으로 내 생각을 정리해 조금씩 말도 해보고, 시험도 하면서 생각을 정리하는데 최종 목적은 정보를 지식으로 만들어 책으로 엮는 것이다.

그렇다면 정보는 어느 정도 모아야 하는가? 정보는 많을수록 좋을까? 유럽에서 주목받는 롤프 도벨리란 사람이 거기에 관해 이런 말을 했다.

"정보의 양이 일정 수준을 넘으면 결정의 질이 떨어진다. 뉴스가 정신에 미치는 영향은 설탕이 몸에 미치는 영향과 비슷하다. 나쁜 뉴스는 속보성 뉴스다. 관능을 자극하고, 세상에 대한 그릇된 인식을 심어준다. 인생에 하등 도움이 되지 않는다. 뉴스를 끊은 지 3년이 지난 지금 훨씬 더 명확한 사고를 하고 글도 더 잘 쓴다. 좋은 뉴스는 사고를 유발하는 원인을 고찰한 것이다. 심층보도다. 내가 편집국장이 되면 일간지가 아닌 주간지를 만들겠다."

정보가 많다고 늘 도움이 되는 건 아니다. 과다한 정보는 인식을 돕는 것이 아니라 인식을 흐려놓는다. 정보를 수집하는 것보다 정보를 버리는 게 어렵다. 언젠가 필요하다는 생각이 들고, 정보를 버리는 게 아깝다는 생각이 들기 때문이다.

그렇다면 적당한 정보 수집이란 어떤 것일까? 정답은 없지만 스포츠에서의 인원을 생각하면 도움이 된다. 모든 스포츠에는 인원 제한이 있다. 한 선수를 내보내지 않는 한 다른 선수를 출전시킬 수는 없다. 너무 정보가 많으면 정말 필요한 정보가 무엇인지 알아내는 것이 힘들어진다.

어른 공부는 정보를 체계화하는 것

공부란 정보를 모으고 이를 정리하고 분류하면서 빈 곳에 내 생각을 집어넣는 행위다. 정보의 체계화가 필수적이다. 이를 가장 잘한 사람이 바로 진화론을 주장한 찰스 다윈이다. 그는 이런 말을 했다.

"평범한 내가 많은 사람들의 확고한 믿음에 큰 영향을 끼쳤다는 사실이 놀랍다. 내가 보통 사람보다 나은 점이 있다면 관찰력이다. 일반인이 스쳐지나가는 걸 난 주의 깊게 관찰한다. 또 그런 일에 싫증을 내지 않는다. 또 다른 하나는 정보의 수집방법이다. 난 연구와 관련된 주제를 쉽게 찾아볼 수

고수의 학습법

있도록 읽은 책마다 색인을 만들었는데 이런 방식 덕에 정보를 필요할 때 바로 찾고 잘 이용할 수 있었다. 난《종의 기원》 집필 초기 내 생각을 명확히 표현하는 것에 큰 어려움을 겪었다. 하지만 생각을 명확히 표현하려면 오랫동안 생각해야 하는데 이게 생각을 체계화할 수 있는 좋은 기회였다."

색인을 만들고 이를 통해 필요한 정보를 쉽게 찾았다는 항목이 인상적이었다. 정보를 어떻게 모으고 어떻게 쉽게 찾을 것이냐가 공부에선 그만큼 중요하기 때문이다.

정보는 수집보다 찾기 쉽게 정리정돈하는 것이 중요하다. 언젠가 본 것 같다, 어디엔가 있는 것 같다는 수준으로는 글을 쓰고 책을 낼 수 없다. 필요할 때 필요한 정보를 찾을 수 있어야 한다. 이게 정말 중요하다. 여기에 정해진 방법은 없다. 다 나름의 방식으로 정보를 수집하고 분류하고 찾기 때문이다.

앞에서 나는 지식 냉장고를 만든다고 했다. 내가 지식 냉장고에 정보를 정리할 때 몇 가지 원칙이 있다. 첫째, 다른 물건처럼 보관장소가 확실해야 한다. 그래야 필요할 때 쉽게 찾을 수 있다. 식기는 부엌에 책은 책장에 있는 것과 같다. 난 내 지식을 지식 냉장고에 이슈별로 보관한다. 책을 읽고 반드시 책의 주요 내용은 독서노트에 기록한 후 다시 지식 냉장고의 다양한 폴더로 옮긴다. 둘째, 놓아두는 장소에 체계가 있어야 한다. 체계가 없으면 기억할 수 없다. 서재의 책을 판형에 따라 진열하는 사람이 있는데 보기는 좋지만 필요할 때 정보를 찾기 어렵다. 셋째, 늘 제자리에 두고 주기적으로 업데이트를 해야 한다.

지식 생산을 위해서는 일단 일정 양을 모아야 한다. 축적이 먼저다. 양이 나와야 질을 확보할 수 있다. 다음은 정보의 분류다. 난 늘 이 정보를 어느 카테고리에 넣을까 고민한다. 여기가 좋을 것도 같고 저기가 적당할 것도 같은 경우가 많다. 그래서 어떨 때는 여러 곳에 겹쳐 넣기도 한다.

정보 분류 자체가 매우 지적인 작업이다. 그때 머리가 활발하게 움직인다. 내가 생각하는 정보의 분류는 정보에 새로운 가치를 부여하는 작업이다. 그렇기 때문에 정리되지 않은 정보는 아무리 많아도 무용지물이다. 분류한 정보와 정보를 연결하고, 새로운 의미를 부여하고, 빈 곳에 내 생각을 채울 때 비로소 가치 있는 지식으로 다시 탄생하게 된다.

지식 생산을 위해서는 편집과 짜깁기의 공통점과 차이를 알아둘 필요가 있다. 둘 다 관련 정보를 모았다는 공통점이 있다. 차이는 나만의 생각과 의견이 있느냐의 여부다. 그게 있으면 편집이고 없으면 짜깁기다. 지식이란 정보와 정보 사이의 상관관계를 발견하는 일이다. 빈 공간을 그냥 놔두면 짜깁기이고 빈 공간을 자기만의 생각으로 해석할 수 있으면 편집이다. 그런데 이런 일은 다 정보를 정리정돈하는 과정에서 일어난다.

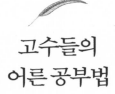

고수들의
어른 공부법

사람은 모두 다르다. 사람들이 공부하는 이유도 방법도 다를 수밖에 없다. 여기서 다양한 공부법을 소개한다.

공부의 달인 공자의 공부법

김영수의 《현자들의 평생 공부법》에 공자의 공부법이 나오는데 이 부분을 간략히 소개한다.

공자의 공부법 요령 첫 번째는 즐기는 것이다. 아는 것은 좋아하는 것만 못하고, 좋아하는 것은 즐기는 것만 못하다.

고수의 학습법

귀에 못이 박히도록 들은 이야기다. 문제는 그 단계까지 가는 것이 쉽지 않다는 것이다. 대부분 즐기기는커녕 공부에 염증을 느끼면서 억지로 공부하다 학교 졸업 후에는 분서갱유의 생활을 시작한다. 공부와는 담을 쌓은 채 생활을 하다 죽는다. 불행한 일이다.

두 번째는 박학다식이다. 넓게 배워 많이 알아야 한다. 넓게 파야 깊이 팔 수 있다. 세 번째는 배우고 수시로 복습하는 것이다. 바로 그 유명한 학이시습(學而時習)이다. 여기서 중요한 건 때때로 혹은 수시로의 뜻을 가진 '시(時)'다. 배우는 것과 배운 걸 익히는 건 완전 다르다.

네 번째는 공부와 생각의 결합이다. 공부만 있어도 안 되고 생각만 하는 것도 곤란하다. 배우는 것만큼 생각해야 한다. 공부와 생각은 자동차와 브레이크의 관계와 같다.

다섯 번째는 공부와 실천을 결합하는 것이다. 아는 걸로는 충분치 않다. 아는 걸 실천하지 않으면 가치가 없다. 공자는 스스로 배운 걸 전파하기 위해 14년에 걸쳐 천하를 유력했다. 공자는 "덕을 닦지 않는 것, 열심히 배우지 않는 것, 옳은 것을 듣고 행동으로 옮기지 않는 것, 좋지 않은 언행을 고치지 않는 것이 나의 근심거리다."라고 말했다.

여섯 번째는 옛날 지식과 요즘 지식을 연계하는 것이다.

온고지신이 그 말이다.

일곱 번째는 견강부회하지 않는 것이다. 잘 알지도 못하면서 주관적 견해를 마구 쏟아내는 것을 단호히 반대했다.

중용에서 소개한 다섯 가지 실천 방법은 다음과 같다. 첫째, 박학(博學)으로 널리 배우는 것이다. 둘째, 심문(審問)으로 깊이 파고들어 묻는 것이다. 셋째, 심사(深思)로 깊이 생각하는 것이다. 넷째, 명변(明辯)으로 명확하게 판단해서 말하는 것이다. 다섯째, 독행(篤行)으로 진실하게 꾸준히 실천하는 것이다. 이 다섯 가지를 줄여 학문사변행(學問思辨行)으로 부른다. 배우고, 묻고, 생각하고, 분별하고, 행동하라는 것이다.

독서만권행만리로

고염무는 명말청초 시대 대표학자다. 유명한 '독서만권 행만리로'를 주장했다. 만 권의 책을 읽고 만 리 길을 다니라는 것이다. 공부법과 관련해 최고의 명언이 아닐까.

그는 매일 읽어야 할 책의 권수를 스스로 규정했다. 매일 다 읽은 책을 베껴 썼다. 필사의 중요성을 깨달은 것이다. 찰기를 썼는데 일종의 독서일기 같은 것이다. 무려 30년 동안이나 그렇게 공부했다. 배웠으면 당연히 물음이 있어야 한다.

학문(學問)이란 두 글자는 반드시 떼어놓고 보아야 한다. 학은 학이고 문은 문이다. 사람이 배우기만 하고 의문을 가지지 못하면 만 권의 책을 읽어도 멍청이밖에 안 된다. 책을 읽으면 물어봐야 한다. 한 번 물어봐서는 안 되고 두 번, 세 번이라도 물어봐야 한다. 한 사람에게 물어봐서 안 되면 수십 명에게 물어봐서 의문을 풀고 이치를 드러내야 한다.

꼬리에 꼬리를 무는 공부법

하나를 공부하다 궁금한 게 생겨 다른 걸 공부하면서 점차 지평이 넓어지는 학습법이다. 처칠의 스승이자 《우주전쟁》의 저자 허버트 조지 웰스(Herbert George Wells)는 20세기 초반 사상가인데 그가 대표 선수다. 그는 인류 역사 관련 공부를 시작했고 공부하다 보니 고고학으로 넓어졌다. 땅을 파다 보니 화석학을 공부하게 되고, 화석학을 하다 지층에 의문을 가져 지질학과 지층학을 공부한다. 또 지층을 연구하다 보니 지구 역사가 우주에서 온 것 같아 우주학을 공부한다. 그러다 우주학과 함께 신학을 공부한다. 신은 인간의 형상을 닮아 다시 인류학으로 되돌아왔다. 이처럼 학문은 서로 꼬리에 꼬리를 물고 있다.

뇌가 기뻐하는 공부법

모이 겐이치로의 《뇌가 기뻐하는 학습법》에 나오는 공부법도 흥미롭다. 그는 강화학습이라 부르는 세 가지 핵심 전략을 제시한다. 그는 뇌를 자동차 엔진에 비유한다. 시동 꺼진 뇌로는 아무것도 할 수 없다. 늘 뇌에 시동을 걸어 뜨겁게 달아오르게 해야 한다는 것이다. 그럼 가볍게 액셀만 밟아도 질주할 수 있다는 것이다. 억지로 공부하려는 사람은 차가운 엔진을 갖고 달리는 차와 같다는 것이다. 간단히 소개하면 이렇다.

첫째, 어렵다고 미뤄뒀던 난제에 지금 당장 도전하라는 것이다. 뇌는 익숙하고, 쉬운 것에 빠져들면 성능이 뚝 떨어지는 특성을 갖고 있다. 텔레비전을 바보상자라고 부르는 것도 뻔하고 쉬운 내용만 잔뜩 나오기 때문이다. 그와 반대로, 어려운 게임을 마스터하면 기뻐서 주먹을 불끈 쥐게 된다. 뇌를 기쁘게 하고 싶다면 자격증, 영어 학습, 까다로운 문제, 두꺼운 책 등 한번 해보고 싶지만 어렵고 부담스러워서 미뤄뒀던 일을 지금 당장 해보라는 것이다.

둘째, 강력한 타임 제한(time pressure)으로 뇌에 압박을 가하라는 것이다. 뇌는 시간 여유가 많다고 높은 성과가 나오는 건 아니다. 오히려 지루해하고 다른 잡생각에 빠져드는 특성이 있다. 예전에 10개 단어를 외우는 데 1시간이 걸렸다면 다음에는 30분으로 목표치를 대폭 올려보라. 얼핏 말도 안 된다

고수의 학습법

고 생각하기 십상이다. 하지만 뇌는 그런 압박을 오히려 반가워한다. 수십 만 년 동안 사냥감을 놓치면 굶어죽을 수도 있는 상황을 이겨내며 진화해왔기 때문이다.

셋째, 단 5분이라도 좋으니 완벽하게 학습에 몰입하라는 것이다. 수십만 년 전, 선조들은 사냥할 때 잡생각을 하면 사냥감을 놓쳐서 굶어야 했다. 거대한 매머드를 사냥할 때 잡생각을 한다면 목숨을 잃을 수도 있었다. 뇌는 그렇게 성장해왔기 때문에 완벽하게 몰입할 때 최고의 기쁨을 맛본다.

무엇을 공부하느냐도 중요하지만 어떤 방식으로 공부하느냐도 중요하다. 내가 공부법에 관심을 갖는 이유다. 현재 당신은 어떤 식으로 공부하는가? 효과적인 부분은 어떤 부분이고 개선하고 싶은 부분은 어떤 부분인가?

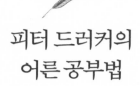

피터 드러커의
어른 공부법

내가 제일 존경하는 사람은 피터 드러커다. 경영학의 아버지로 불리지만 사실은 그 이상이다. 철학, 경제학, 법학, 사회학, 역사학 등 모든 부분을 이해해 남다른 통찰력을 가진 사람이다.

나는 늘 그를 벤치마킹하면서 닮으려고 노력한다. 공부법 관련해서도 배울 점이 많다. 그는 어떻게 공부했을까?

도전하기

그는 늘 새로운 것에 도전했다. 평생 여러 종류의 직업을 가진 것도 그 때문이다. 첫 직장은 함부르크에 있는 무역회사에서 직원으로 일했고 투자은행의 프랑크푸르트 지점에서 일하기도 했다. 틈틈이 신문에 칼럼을 실었고 나중에는 교수가 되었다. 3년마다 새로운 곳에 도전했다.

1942년부터 1949년까지 베닝턴 대학에 재직하면서 정치이론, 미국 정치, 미국사, 경제사, 철학, 종교 등 폭넓은 주제로 가르쳤다. 가르친다는 것은 그 자체로 배우는 것을 의미한다. 한 우물을 판다는 건 그에게 맞지 않는다. 그는 늘 새로운 곳에 도전하면서 지식의 폭을 넓혔다. 다른 분야를 공부하다 보면 기존 지식도 새로운 눈으로 볼 수 있다. 큰 대학에서 이름을 날리는 것보다 자유롭게 좋아하는 공부를 하고 가르치는 걸 좋아했다.

지적 자극에 노출하기

그는 젊은 시절부터 수많은 고수를 만났다. 16세 때 토마스 만을 만났는데, 그때는 만이 노벨 문학상을 받기 수년 전이었고 이미 대작가의 반열에 올라 있었다. 대학교수 시절에는 동료 중 고수가 많았다. 모던댄스의 마사 그레이엄, 경제인류학자 칼 폴라니, 정신분석학자 에릭 프롬, 건축가 리하르트 노이트라 등이 있었다. 아마 이런 고수들과 만나면서 자기 지식을 더욱 빛나게 갈고 닦았을 것이다. 쇠는 쇠로 강하게 할 수 있고 고수는 고수를 통해 더 큰 고수로 성장하는 것 같다.

독서와 글쓰기

그는 많은 책을 읽고 많은 책을 썼다. 확실한 계획을 세워 집중적으로 읽고 썼다. 프로젝트가 끝낼 때마다 책을 한 권씩 써서 평생 30여 권의 책을 썼다. 그중 1945년 제너럴모터스를 컨설팅한 경험을 바탕으로 쓴 《경영의 실제》는 최고의 저서로 인정받고 있다. 이 책으로 그는 매니지먼트를 발명했다는 말을 들었다.

가장 빨리 배우는 방법은 가르치는 것이고 가장 효과적으로 일하는 방법은 책을 쓴다는 목표로 일을 하는 것이다. 또 주기적으로 관심 분야를 달리했는데, 그럼으로써 지루함을 없애고 지적 호기심을 불러일으켰을 것이다.

뭔가 한 가지 일을 끝낼 때마다 책을 쓰는 건 정말 효과적이다. 내가 요즘 들어 다작을 하는 건 그 효과를 알기 때문이다. 그냥 알고 경험하는 것과 그걸 책으로 엮어내는 건 완전 다른 이야기다. 내가 생각하는 전문가는 자기가 경험한 걸 책으로 옮길 수 있는 사람이다. 다 같이 애를 키웠지만 그냥

고수의 학습법

경험한 사람과 육아에 관해 책을 쓴 사람은 다르다.

피터 드러커는 책을 쓰는 방법도 남다르다. 사람들은 책 쓰기에 대해 두려움을 갖고 있다. 나도 처음에는 그랬다. 그런 사람은 드러커의 방법을 흉내 내면 도움이 될 것이다.

그는 우선 머릿속으로 어떻게 책을 쓸지에 대한 청사진을 그린다. 다음은 녹음기를 놓고 마치 강의하듯 이를 구술한다. 비서는 녹음한 내용을 타자기로 쳐서 옮긴다. 그는 내용을 보면서 몇 번이고 다시 고쳐 쓴다. 그런 과정을 거치면서 생각의 완성도를 높인다. 정말 탁월한 방법이다.

자기 강점에 집중하기

그는 자신이 원하는 것이 무엇인지를 늘 생각하고 그것에 따라 행동했다. 그는 자기 자신을 잘 알고 있었다. 컨설턴트로서 조언은 잘하지만 조직에는 맞지 않는다고 생각했다. 개인적으로는 일을 잘하지만 조직 안에서는 성과를 내지 못한다는 걸 감지한 것이다.

그는 5~6년간 매주 토요일 오전 맥킨지에서 컨설팅업이란 무엇인지에 대해 가르쳤다. 하지만 맥킨지에서 일하지는 않았다. 여러 번 스카우트 제의를 받았지만 혼자 일하는 것이 효율적이라 생각했기 때문이다. 하버드로부터 네 번이나 초청을 받았지만 거절하고 베닝턴 같은 조그만 대학에서 일을 했던 것도 자기 스타일대로 일하고 싶었기 때문이다. 성과를 내기 위해서는 자기 스타일대로 일을 해야 한다. 나도 조직 안에서 일하는 것보다는 조직 밖에서 조직을 위해 일하는 게 효과적인 사람이다.

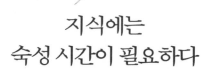

지식에는
숙성 시간이 필요하다

"지켜보는 냄비는 끓지 않는다."라는 속
담이 있다. '언제 끓지?' 하고 쉴 새 없이 냄비 뚜껑을 열었다
닫았다 하면 아무리 시간이 흘러도 끓지 않는다. 지나치게
의식하면 도리어 결과가 좋지 않다. 얼마 동안은 놔두는 시
간이 필요하다.

당장 경지에 오르기는 어렵다

생각도 그렇다. 생각을 오래한다고, 그 생각만 한다고 그 문
제가 해결되는 건 아니다. 때로는 덮어두고 알아서 숙성하게

끔 놔두는 것이 좋다. 지식도 비슷하다. 방금 무언가를 배웠다고 그게 바로 내 지식이 되는 것은 아니다. 배운 지식을 활용해 무언가를 해보고 시행착오를 겪으면서 그 지식이 내 몸에 배게 될 때까지의 시간이 필요하다.

요즘 나를 찾아오는 젊은 사람이 많다. 나같이 글을 쓰고, 컨설팅을 하고, 코칭을 하고 싶은데 어떻게 하면 좋겠냐는 것이다. 난 주로 다음과 같은 답변을 한다.

"그런 일은 하고 싶다고 할 수 있는 게 아닙니다. 일단 많은 걸 경험하고 공부하고 나름의 지식과 식견이 있어야 합니다. 또 누군가 이를 알아보고 요청해야 합니다. 간판을 내건다고 그 일을 할 수 있는 것은 아닙니다. 유일한 방법은 특정 분야에서 열심히 갈고 닦아 일정 경지에 오르는 겁니다. 관련 일을 능숙하게 할 수 있고 그 분야에서 압도적 지식의 우위를 갖고 있어야 합니다. 그럼 사람들이 자꾸 찾아와 이것저것 물어봅니다. 어느 순간 내 직업과 이 일을 병행할 수 없는 순간이 옵니다. 그때 일을 시작하면 됩니다."

내가 전하고 싶은 메시지는 명확하다. 특정 분야에서 전문가로 성장하고 주변에서 이를 알아볼 때까지 때를 기다리란 것이다.

생각하지 않는 힘과 시간의 힘

생산적인 학습을 위해서는 의식 못지않게 무의식을 잘 활용해야 한다. 생각하는 힘보다 생각하지 않는 힘이 더 필요하다. 매 순간 무언가를 의식하고 행동하면 에너지가 너무 많이 든다. 때로는 무의식적으로 생각하고 행동할 수 있어야 한다. 그게 고수다.

"그림을 그리다 보면 무작정 정진하는 것만이 능사가 아님을 알게 된다. 하다가 잘 안 되면 좀 쉬는 게 최선이다. 쉬긴 쉬지만 머릿속으로는 그 그림을 계속 그린다. 그러나 어떤 때는 잠시나마 그림을 그린다는 사실을 완전히 잊고 다른 일에 몰두하기도 한다. 그러다가 문득 그 그림이 그리고 싶어 무심코 붓을 잡으면 놀랄 정도로 잘 그려진다. 한동안 쉬었음에도 불구하고 말이다. 전에는 몰랐던 테크닉이 저절로 구사되기도 하고 아무리 애써도 만들어지지 않았던 색깔이 만들어지기도 한다. 바둑 공부에서도 이런 일이 종종 있다. 이것을 무위학습이라고 부른다. 학습에 있어 무리함이란 결코 도움이 안 됨을 깨달았다."

황대권, 《야생초 편지》

좋은 포도주를 만들기 위해 포도, 포도를 담는 통, 적정한 보관장소 등 필요한 것들이 있다. 그중 정말 중요하지만 사람들이 간과하는 것이 하나 있다. 바로 시간의 소중함이다. 좋은 포도주를 위해서는 일정 시간이 필요하다. 포도를 딴 후 며칠 만에 포도주를 만들 수는 없다.

글도 그렇고 경험도 그렇다. 시간이란 변수는 다른 모든 요소를 압도할 정도로 강력하고 결정적이다. 무언가를 경험하고 공부했다고 바로 글을 쓸 수는 없다. 난 글을 쓸 때 일부러 숙성될 때까지 충분히 재워둔다. 그럼 쓸데없는 부분, 생각의 군더더기가 저절로 사라진다. 시간의 힘은 위대하다.

난 우아함이란 말을 좋아한다. 우아한 사람을 좋아한다. 내가 생각하는 우아함은 '잘생김+지적+시간'이다. 어린 사람에게 우아하다는 말을 쓰지 않는다. 예쁘기만 하고 지적이지 않은 사람에게도 쓰지 않는다. 우아하기 위해서 꼭 필요한 조건 중 하나가 바로 시간이다. 어느 정도 성숙미가 있는 사람에게만 사용할 수 있는 단어다. 지식도 숙성을 위해서는 시간이 필요하다.

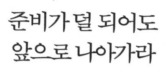

준비가 덜 되어도
앞으로 나아가라

사람들을 만나 내가 가장 많이 하는 이
야기는 글을 써보라는 것이다. 그러면 대부분 "아직 준비가
되지 않았다.", "회사를 그만두고 쓰겠다.", "지금 하는 일이
어느 정도 정리되면 쓰겠다.", "공부를 좀더 하고 쓰겠다."라
는 말을 하며 행동으로 옮기지 않는다. 그럴 때 속으로 이런
질문을 한다.

"글을 쓰기 위해서는 어떤 준비가 필요할까요? 글쓰기 학
원이라도 다니시려고요? 언제쯤 그 준비가 끝나나요? 살아
생전 그런 날이 오기는 올까요?"

난 순서가 바뀌었다고 생각한다. 일단 시작이 가장 중요하다. 시작이 반이다. 시작하면 자기의 부족한 부분을 알게 되고 그 부분을 채울 수 있다. 반대로 차일피일 미루면 1년 후에도 5년 후에도 지금 상태에서 한걸음도 나가지 못한다.

뭔가를 배우기 위한 첫 걸음은 일단 관련한 글쓰기를 시작하는 것이고 그다음이 필요한 공부를 강도 있게 하는 것이다. 그래야 실력이 는다.

난 대학 다닐 때부터 박성원이 쓴 교재로 일본어를 공부했다. 그런데 늘 미지근했다. 몇 달 학원을 다닌 외에는 바짝 해본 적이 없다. 그러니 발전이 없고 늘 거기서 거기였다. 늘 중간쯤 하다 중지하고 다시 시작하고, 하다 말다를 반복했다. 그러니 일본어 실력은 "쯔구에노 우에니 가빙가 아리마쓰. 가빙노 나까니 하나가 닥상 아리마쓰(책상 위에 화병이 있고, 화병 안에는 꽃이 많다)" 수준을 넘어서지 못했다. 한심한 일이다.

영어에는 다른 경험이 있다. 고교시절 영어교재는 난이도에 따라 세 종류가 있었다. 가장 초급은 《기초영문법》이다. 아주 쉬워 중학교 때 마스터했다. 다음은 《성문종합영어》다. 수준도 있고 잘 만든 책이라 나를 포함한 대부분 친구들은 이 책으로 공부했다. 마지막은 《1200제》란 책이다. 어려운 문제를 1,200개 뽑아놓은 것인데 그야말로 난공불락의 문제들이다. 도저히 알 수 없는 단어들로 가득 차 있다. 폼을 잡겠다는 욕심에 그 책에 도전해 뜨거운 맛을 봤다. 정말 하루에 한 두 페이지도 진도를 빼기 어려웠다. 그런데 그렇게 몇 주 공부를 한 뒤 다른 영어책을 보니 쉽게 느껴지는 게 아닌가. 나도 모르는 사이 업그레이드가 된 것이다. 때론 한계에 도전하는 것이 효과적일 수 있다.

양들은 겨울이 오기 전에 양털을 깎는다. 그들의 생명을 보호하기 위해서다. 털을 깎지 않은 양은 털을 믿고 자만한다. 자칫 추운 겨울에 얼어죽기도 한다. 하지만 털을 깎은 양은 추위를 견디기 위해 부지런히 움직인다. 준비가 될 때를 기다리기보다는 일단 어려워 보여도 도전하라. 뭐든 완벽한 날은 오지 않는다. 부족해도 앞으로 나아가야 한다. 글쓰기도 그렇고 새로운 분야에 도전하는 일도 그렇다.

지식주의자의 토론은 다르다

조한별, 《세인트존스의 고전 100권 공부법》

공부를 뭐라고 생각하는가? 스스로 공부하는 방법을 알고 있는가? 기존의 공부법이 효과적이라고 생각하는가? 아니면 여러분만의 공부법을 갖고 있는가? 새로운 방식으로 공부하는 세인트존스라는 미국 대학이 있다. 이 학교 학생들은 4년 동안 100권의 고전을 읽고 토론하는 것이 수업의 전부다. 하지만 대단히 효과적이다. 《세인트 존스의 고전 100권 공부법》을 소개한다.

세인트존스는 가르치지 않는 학교다. 교수는 강의하지 않는다. 강의와 수업 대신 100% 토론을 한다. 책을 읽고 수업 시간에 토론하는 게 학습의 전부다. 학생들은 토론하고 글을 쓰고 생각을 정리한다. 튜터들은 학생 하나하나를 객관적으로 관찰하고 비판하고 충고해준다. 그 과정을 통해 스스로 고민하고, 깨닫고, 본인에게 맞는 공부법을 찾아낸다.

수업 도구도 심플하다. 직사각형 테이블과 칠판 하나가 전부다. 이 학교 수업은 주는 수업(授業)도 받는 수업(受業)도 아닌 닦을 수(修)자를 쓰는 수업(修業)이다. 학업이나 기술을 닦는다는 뜻이다. 테이블에 앉아 각자 공부한 것을 바탕으로 질문하고 답을 하는 토론 수업이 전부다. 그렇기 때문에 말을 하지 않으면 좋은 평가를 받을 수 없다. 의지 부족으로 해석되기 때문이다.

이 학교에는 교수 대신 튜터가 있다. 튜터는 개인지도교사, 과외선생 정도로 해석된다. 그런데 왜 튜터라고 부를까? 역할이 다르기 때문이다. 교수는 강의를 하지만 튜터는 학생과 함께 공부한다. 지식 전달이 아니라 어떤 주제나 책에 대해 좀더 많은 시간 고민해 온 선배로 함께 의견을 공유하는 사람이다. 튜터의 역할은 좋은 토론을 이끌어내는 것이다. 토론을 독점하는 학생을 견제하고 참여를 안 하는 사람에게 말을 걸고, 방향이 잘못되면 그 방향을 바로 잡기도 한다.

이 학교에는 돈 래그(Don Rag)라는 평가시스템이 있다. 'don'은 교수를 뜻하고 'rag'는 꾸짖다 책망한다는 뜻인데 교수가 학생을 공식적으로 꾸짖을 수 있는 자리다. 학생들을 뒤에 앉혀 놓고 수업을 담당했던 튜터들이 모여 학생에 대해 이야기하는 자리다. 학생들은 "메리, 그 학생은 맨날 아는 척만 해요. 그 학생은 늘 졸아요.", "그 학생은 말에 조리가 없어요." 등등 자신에 대한 객관적인 이야기를 듣게 된다.

학생들은 큰 충격을 받는다. 자신이 생각했던 자기 모습과 튜터들이 생각하는 자기 모습 사이의 갭에 놀란다. 생각지도 못했던 단점을 듣기도 하고 새롭게 장점을 발견하기도 하지만 어쨌든 충격적인 자리다. 튜터들의 이야기가 끝나면 학생들에게도 말할 기회가 주어진다. 튜터의 이야기 중 자신을 잘못 판단했다고 생각되는 부분이 있다면 그 부분에 코멘트를 달기도 하고, 더 열심히 하겠다고 다짐도 한다.

돈 래그의 핵심은 진급에 관한 결정이다. "이 학생이 다음 학기 진급하는 것에 동의하는가?"를 결정하는 것이다. 모든 사람이 찬성해야 진급을 한다. 한 명이라도 반대하면 논쟁해야 하고 결론이 나지 않으면 총장까지 올라간다. 조건부로 진급을 결정하기도 한다.

보통 학교에서 하는 강의와 토론의 차이는 뭘까? 보통 강의는 교수가 수업을 준비하고 학생은 준비할 필요가 없다. 그냥 들으면 된다. 토론은 그렇지 않다. 학생이 수업 준비를 해야 한다. 보통 강의는 학생들이 선생님 강의를 들은 후 공부를 한다. 토론은 학생이 준비를 해야만 한다. 토론 주제에 대한 예습이 필수다. 준비하지 않으면 토론할 수 없다. 이 학교 수업은 고전 그 자체만이 있을 뿐 거기에서 무엇을 배울

지는 학생들이 결정해야 한다. 그런 과정을 통해 자율성이
길러진다.

배움의 가장 큰 장애물은 게으른 생각이다. 깊이 생각하지
않는 것이다. 고전은 무작정 읽는 것이 아니다. 이보다 생각
이 중요하다. 단순히 현상을 보고 인식하는 생각은 'thinking'
이고 더 깊이 골똘하게 생각하기는 'contemplation'이다. 이
학교에서 하는 고전 읽기와 토론은 바로 생각을 하게 한다.

고전은 읽는 책이 아니라 생각하게 하는 책이다. 생각한
다음 이를 다른 사람과 나누는 것이 토론이다. 토론은 대화
의 질을 높이고 책에 대한 다양한 접근을 격려하고 다른 시
야를 갖게 한다. 토론하는 능력은 살아가는 데에도 큰 자산
이다. 자기주장만 하는 사람, 자기 생각이 없는 사람, 그 생
각이 있어도 그걸 표현할 수 없는 사람은 살아가기가 쉽지
않다. 좋은 인상을 남기기도 어렵다. 토론을 하면서 자기를
표현하고 다른 사람의 의견을 들으면서 새로운 것을 배우고
시야를 넓힐 수 있다. 내 한계를 벗어나야 새로운 것을 볼 수
있다.

뭐니 뭐니 해도 배움의 꽃은 에세이 쓰기다. 에세이는 오
로지 자기 생각만으로 써야 한다. 스스로 질문을 정하고, 그
에 대한 답도 찾아나가야 한다. 이게 진정한 공부다. 읽고

토론한 것도 결국 에세이를 쓰기 위한 과정이다.

고전을 읽고 여러 의견을 듣는 것은 정보 습득 과정이다. 내 의견을 말하는 것은 정보 공유의 과정이다. 쓰기는 정리 과정이다. 글을 쓰면서 자기 의견, 다른 사람 의견을 총체적으로 정리할 수 있다. 그 과정에서 자신만의 가치관을 만들 수 있다.

지식의 시대다. 스스로 학습하는 능력이 무엇보다 중요하다. 스스로 공부할 것, 무언가를 읽고 생각할 것, 거기에 대해 토론하면서 자기 생각을 정리하고 다른 사람 생각을 들을 것, 그걸 글로 표현할 것 등이다. 그럼 현재 내 위치와 가야 할 방향이 확실해진다. 문제가 뭔지 처방을 어떻게 해야 할지 알 수 있다. 할 일과 하지 말아야 할 일이 분명해진다.

고수의
공부 예찬

배움 관련 격언과 단상

　격언은 복잡하게 생각할 것을 단순하게 해주는 기능이 있다. 무엇이 옳은지 아닌지, 이 일을 하는 게 좋은지 안 하는 게 좋은지를 결정할 때 생각하는 수고를 줄여준다. 그래서 난 다양한 주제의 격언을 모으고 이를 수시로 되새긴다. 그중 유독 많은 게 바로 공부, 학습, 배움 관련 격언이다. 그만큼 삶에서 공부가 중요하기 때문일 것이다.

1. 일생의 계획은 젊은 시절에 달려 있고, 일년 계획은 봄에 있고, 하루 계획은 아침에 달려 있다. 젊어서 배우지 않으면 늙어서 아는 것이 없고, 봄에 밭을 갈지 않으면 가을에 바랄 것이 없으며, 아침에 일어나지 않으면 한 일이 없게 된다.　　　_공자

　성공한 사람들의 특징은 계속해서 학습한다는 것이다. 일류 학교를 나왔다는 이유로, 자격증을 땄다는 자만심으로,

부모님이 유산을 물려주었다는 자만심으로 배움을 중단한 사람은 늙어서 그 대가를 치른다. 반대로 내세울 게 없는 사람들은 이를 극복하기 위해 계속 공부하고 노력하여 나이 들어서 풍요로운 결실은 거둔다.

2. 미래의 학교는 단순한 지식만이 아니라 그것을 조작하는 방법까지 가르쳐야 한다. 학생들은 낡은 생각을 어떻게 버리고, 언제 그것을 바꿀 것인가를 배워야 한다. 즉 배우는 방법을 배워야만 한다. 미래의 문맹자는 읽지 못하는 사람이 아니라 배우는 방법을 배우지 못한 사람이다. _앨빈 토플러

저 사람은 이제 공부는 그만해도 된다고 생각되는 사람들은 계속해서 배우려 한다. 반대로 저 사람은 좀더 공부를 해야 된다고 생각되는 사람은 절대 배우려 하지 않는다. 그러다 보면 두 사람 사이의 간격은 점점 벌어진다. 이게 세상의 비극이다. 요즘 시대에 글자를 못 읽는 사람은 거의 없다. 21세기의 문맹자는 학습을 중단한 자다. 모르는 것은 수치가 아니다. 모르지만 안다고 생각하고 아무것도 배우려 하지 않는 것이 수치다. 뭔가를 배우려 한다는 것은 자신에게 부족한 점이 있다는 것을 인정하는 것이다. 반대로 아무것도 배우려 하지

고수의 학습법

않는다는 것은 그 자체로 교만이다.

3. 배우기를 멈춘 사람은 스무 살이든 여든 살이든 늙은이다.
계속 배우는 사람은 언제나 젊다. 인생에서 가장 멋진 일은
마음을 계속 젊게 유지하는 것이다. _헨리 포드

70이 다 된 나이에 박사 학위를 딴 지인이 있다. 그의 얼굴
에서는 광채가 난다. 학위를 따느라 죽을 고생을 했다고 고
백하지만 자긍심이 느껴진다. 배우기를 중단하는 순간 우리
삶은 지루해진다. 배움은 젊음을 찾는 최선의 방법이다.

4. 배움이란 이미 알고 있는 것을 발견하는 것이고 삶이
란 이미 알고 있는 것을 증명하는 것이고 가르침이란 이
미 알고 있는 것을 일깨우는 것이다. _리차드 바크

하늘 아래 새로운 것은 없다. 다 알고 있지만 실천하지 못
하는 것이 인간이고, 들은 적은 있지만 깜박 잊고 사는 것이
우리 삶이다. 그렇기 때문에 배움을 통해 이미 알고 있는 것
을 재발견하여, 삶을 통해 실천해야 한다. 가르침에도 새로
운 것은 없다. 이미 알고 있는 것을 다시 일깨워주는 것이 가

르침이다.

5. 식욕 없는 식사는 건강에 해롭듯이, 의욕이 동반되지 않은
  공부는 기억을 해친다.　　　　　　　　_레오나르도 다빈치

　문제아였다 정신을 차려 세계적인 학자가 된 사람을 만난
적이 있다. 그는 "고교 시절부터 마약도 하고, 문신도 하고,
나쁜 친구들과 어울려 다녔습니다. 공부의 필요성은 한 번도
느끼지 못했지요. 매일 밤, 술에 찌들어 살았지요. 그러던
어느 날 문득 더 이상 이렇게 살 수는 없다는 생각이 들었습
니다. 뭔가 변화가 필요하다, 공부를 하고 싶다는 생각이 들
어 검정고시를 거쳐 대학에 들어갔습니다. 필요성을 절감하
니까 공부의 효과는 대단하더군요. 역시 공부는 스스로 필요
성을 깨달아야 되는 것 같아요."라고 말했다.

6. 사람들에게 어떤 것도 가르칠 수 없다. 다만 그들이 자기 안
  에서 무언가를 찾도록 도울 수 있을 뿐이다.　_갈릴레오 갈릴레이

　목마른 사람에게 가르치는 것과 그렇지 않은 사람을 가르
칠 때 큰 차이가 있다. 자기가 돈을 내고 신청한 사람은 강

사가 하는 말 한마디도 놓치지 않으려고 맨 앞에 앉아 열심히 듣는다. 당연히 말하는 사람도 신이 난다. 하지만 회사에서 가라고 등 떠밀려 오는 사람은 그렇지 않다. 눈은 풀려 있고, 호기심도 니즈도 없다. 이런 사람에게 지식을 전달하는 것은 불가능에 가깝다. 배움은 자신이 뭔가 갈증이 있어야 가능하다. 가르친다는 것은 가장자리를 친다는 의미다. 선생이 다 가르치는 것이 아니라, 변죽을 울려 학생으로 하여금 생각하게 하고 깨닫게 하는 것이다. 사람을 가르칠 때는 가르치지 않는 듯해야 한다. 자신도 모르게 깨달음을 얻게 하는 것이 효과적이다.

7. 모든 것에 대해 약간씩 아는 것이 어느 한 가지에 대해서 전부 아는 것보다 훨씬 낫다. 보편성이야말로 가장 위대한 것이다.
_파스칼

최재천 교수는 "진리는 한 가지 영역에 머물지 않는다. 여러 영역을 넘나든다. 그렇기 때문에 자신의 전공을 뛰어넘어 다른 분야에도 두루 관심을 가져야 한다. 여러 전공이 섞여 반응을 해야 한다."라고 통섭이론을 주장한다. 전적으로 동감한다. 경주마처럼 자기 전공만 알아서는 안 된다. 그것을 뛰어넘을 때 고수가 될 수 있다.

8. 잘난 사람은 남을 반박한다. 현명한 사람들은 자기 스스로
　 를 반박한다.　　　　　　　　　　　　　　　_오스카 와일드

　모든 일에는 단계가 있고 순서가 있다. 뭔가를 알기 시작
하면 자신의 지식을 알리고 싶어 한다. 남을 반박하기도 한
다. 그래야 자신이 높아지는 것으로 착각하기 때문이다. 하
지만 아무 소용이 없다는 사실을 발견한다. 남의 코를 납작
하게 한다고 내가 올라가는 것이 아니고, 납작해진 사람이
나를 존경하는 것은 더더욱 아니란 사실을 발견한다. 최고의
단계는 나 자신과의 싸움에서 이기는 것이다.

9. 모든 현명한 것은 이미 누군가가 생각한 것이다. 우리는
　 그것을 다시 한 번 생각할 뿐이다.　　　　　　　_괴테

　어른이 되면 몰라서 못하는 것은 없다. 어떻게 살아야 잘
사는 것인지 누구나 알고 있다. 다만 잊고 있을 뿐이다. 우리
가 책을 보고 강의를 듣고 공부를 하는 이유는 새로운 것을
깨닫기 위해서가 아니다. 잊고 있던 것을 다시 되새김질하기

　　　　　　　　　　　　　　　　　　　고수의 학습법

위해서다. 하늘아래 새로운 것은 없다.

10. 학문은 반복에 대한 예견이다.　　　　　_생텍쥐페리

　우리가 가진 지식과 경험을 다음 세대에게 전달하지 못한
다면 어떤 일이 벌어질까? 모든 사람이 모든 지식을 맨땅에
헤딩하는 식으로 배우게 될 것이다. 실수를 반복하고, 뻔한
사실도 엄청난 비용을 투자하며 깨닫게 될 것이다. 학문은
반복을 예견해줌으로써 싼 비용에 지혜를 우리에게 주는 역
할을 한다. 그래서 인간은 공부를 해야 한다.

배움을 즐기고 끊임없이 성장하는
고수의 학습법

초판 1쇄 인쇄 2019년 12월 27일
초판 5쇄 발행 2022년 5월 4일

지은이	한근태
편집인	서진
펴낸곳	이지퍼블리싱

마케팅 총괄	김정현
마케팅	김이슬
SNS	이민우
영업	이동진 박민아

디자인	김희연

주소	경기도 파주시 광인사길 209, 202호
대표번호	031-946-0423
팩스	070-7589-0721
전자우편	edit@izipub.co.kr
출판신고	2018년 4월 23일 제 2018-000094 호

ISBN 979-11-968267-4-1 03190